U0481066

四川大学革命英烈丛书
四川省2020—2021年度重点图书出版规划项目

一片丹心向阳开
渣滓洞集中营的川大英烈

孙化显　肖　杰　张建兵　◎编著
李明凤　杨　帆

四川大学出版社
SICHUAN UNIVERSITY PRESS

项目策划：王 军　段悟吾　宋彦博
责任编辑：宋彦博
责任校对：刘一畅　庄 溢
封面设计：墨创文化
责任印制：王 炜

图书在版编目（CIP）数据

一片丹心向阳开：渣滓洞集中营的川大英烈 / 孙化显等编著．— 成都：四川大学出版社，2021.6
（四川大学革命英烈丛书）
ISBN 978-7-5690-4736-3

Ⅰ．①一… Ⅱ．①孙… Ⅲ．①革命烈士－生平事迹－中国－现代②四川大学－校友－生平事迹 Ⅳ．① K820.6

中国版本图书馆 CIP 数据核字（2021）第 111902 号

书　名	一片丹心向阳开：渣滓洞集中营的川大英烈
编　著	孙化显　肖　杰　张建兵　李明凤　杨　帆
出　版	四川大学出版社
地　址	成都市一环路南一段24号（610065）
发　行	四川大学出版社
书　号	ISBN 978-7-5690-4736-3
印前制作	四川胜翔数码印务设计有限公司
印　刷	四川盛图彩色印刷有限公司
成品尺寸	170mm×240mm
印　张	12
字　数	180千字
版　次	2021年6月第1版
印　次	2021年6月第1次印刷
定　价	48.00元

版权所有 ◆ 侵权必究

◆ 读者邮购本书，请与本社发行科联系。
　电话：(028)85408408/(028)85401670/
　(028)86408023　邮政编码：610065
◆ 本社图书如有印装质量问题，请寄回出版社调换。
◆ 网址：http://press.scu.edu.cn

四川大学出版社
微信公众号

总 序

习近平总书记指出："知史爱党，知史爱国。"为庆祝中国共产党成立100周年，在全党开展党史学习教育和在全社会开展党史、新中国史、改革开放史、社会主义发展史宣传教育之际，四川大学组织编写了"四川大学革命英烈丛书"，并由四川大学出版社正式出版。这是四川大学认真讲好川大故事红色篇章、积极创新红色文化教育载体的重要举措之一，也是四川大学献礼中国共产党成立100周年的重要成果之一。

在中国共产党的领导下，在青春如火的锦江之滨、明远楼前，在风云激荡的望江楼畔、华西坝上，无数四川大学的革命师生坚持"与人民同甘苦，与祖国同命运，与时代同呼吸，与社会同进步"，将永恒的红色基因融入了每一个川大学人的血脉和灵魂之中。其中，"红岩精神"的代表和"中华儿女革命的典型"江竹筠烈士等80多位校友为民族独立、国家解放和人民幸福献出了自己宝贵的生命，他们是四川大学历久弥新的川大精神的力行者和见证者，是四川大学生生不息的红色基因的创造者和传播者。

四川大学是四川保路运动和辛亥革命在四川的重要发生地，是新文化运动和五四运动在四川的主要策源地，是四川及至全国马克思主义早期传播的重要发源地，是抗日救亡和爱国民主运动在四川的坚强根据地。1920年冬，学校师生成立了四川最早以研究和宣传马克思主义为主要任务的革命群众组织——马克思读书会。1922年2月，学校师生主编的《人声》报是四川第一份公开宣传马克思主义的报纸。1922年春和1923年夏，学校师生组织成立的四川社会主义青年团和中国共产党成都独立小组是四川最早的共产主义党团组织。以学校师生为骨干的中华民族解放先锋队成都队和"成都民主青年协会"等是在中国共产党领导下四川抗日救亡和爱国民主运动的中坚力量。中共四川大学党总支是国民党统治区最大的基层党组织之一，经常活动的共产党员有120余名。在开国大典上，与毛泽东主席一起登上天安门城楼的有朱德、吴玉章、张澜和郭沫若等四位四川大学校友。

长期以来，四川大学坚持立德树人根本任务，服务人才培养首要任务，充分发挥学校特色优势，深入挖掘校园红色资源，大力弘扬以江姐精神为代表的革命先烈精神，用生动鲜活的红色文化滋养着一代又一代川大学子。近年来，特别是党的十八大以来，四川大学党委高度重视红色文化教育，将红色文化教育贯穿于学校发展各方面和人才培养全过程，重点建设了"江姐纪念馆暨四川大学革命英烈事迹陈列馆""学习书屋""江姐精神专题数据库"等一批红色文化宣传展示平台，率先推出了话剧《待放》、舞台剧《江姐在川大》、主题文艺晚会《江姐颂》等一批红色文化教育艺术作品，积极打造了"江姐班""竹筠论坛""川大英烈一堂课""青年红色筑梦之旅"等一批红色文化教育新品牌，产生了良好的教育成果、育人效果和社会效益。

习近平总书记指出，"中国革命历史是最好的营养剂"。站在历史的交汇点上，站在发展的交接点上，站在新时代的新起点上，在"四川大学革命英烈丛书"正式出版之际，全校师生员工要进一步厚植中华优秀传统文化，弘扬革命文化，发展社会主义先进文化，凸显四川大学人文社会科学的学科优势，积极打造"中国共产党在四川大学"等红色教育品牌，进一步深化红色文化教育的内涵，丰富红色文化教育的形式，增强红色文化教育的实效。

"四川大学革命英烈丛书"编写组

2021年6月

目 录

丹心向阳　精神永存　　　　　　　　　　　　　　　　001

上编　渣滓洞集中营的川大英烈

江竹筠传　　　　　　　　　　　　　　　　　　　　007

马秀英传　　　　　　　　　　　　　　　　　　　　037

李惠明传　　　　　　　　　　　　　　　　　　　　050

张国维传　　　　　　　　　　　　　　　　　　　　062

何懋金传　　　　　　　　　　　　　　　　　　　　070

郝耀青传　　　　　　　　　　　　　　　　　　　　082

蒋开萍传　　　　　　　　　　　　　　　　　　　　088

黄宁康传　　　　　　　　　　　　　　　　　　　　101

胡其恩传　　　　　　　　　　　　　　　　　　　　108

艾文宣传　　　　　　　　　　　　　　　　　　　　116

下编　英烈精神的价值建构与新时代传承实践

第一节　红色文化在大学生思想政治教育体系中的三重价值　　131

第二节　从个体生命到符号象征："江姐精神"的历史考察　　　137

第三节　江姐精神的内涵阐释与传承弘扬　　　　　　　　　　144

附 录

 附录一 以江姐为核心题材的部分文艺作品目录 165
 附录二 与江姐精神研究相关的部分资料目录 169

参考文献 178

后 记 183

丹心向阳　精神永存

"红岩上红梅开，千里冰霜脚下踩，三九严寒何所惧，一片丹心向阳开……"多年来，歌剧《江姐》的主题曲《红梅赞》为一代代中国人所传唱。那个身穿蓝布旗袍、外罩红色毛衣、围着白色长围巾、梳着短发的巾帼英雄江姐的形象早已深入人心。然而历史有时候总是格外残酷，那个坚强的江姐、乐观的江姐却未能随着新中国的建立迎来自由，而是与诸多丹心向阳的同志一道，将青春永远定格在了歌乐山。

重庆歌乐山，清代王尔鉴《小记》云："松杉翳日，遇风雨则万籁齐鸣，人以为上方仙乐，不知即山灵清响"，传说大禹会诸侯于涂山，召众宾歌乐于此，因此得名。自古以来，歌乐山就是文人墨客赋诗抒怀的地方。1939年，国民党特务机关——国民政府军事委员会调查统计局（简称"军统"）进驻歌乐山，从此，歌乐山成为人们"谈虎色变"的神秘特区。歌乐山下的渣滓洞，原来是人工采煤的小煤窑，由商人程尔昌于1920年开办，因煤少渣多而得名，后成为国民党特务用来关押特殊"犯人"的看守所。他们在这里用非人的手段，残忍地折磨着被关押的革命志士，渣滓洞因此被称为"活棺材"。

从目前的史料来看，关押在渣滓洞监狱的数百名红岩英烈中有10位川大英烈：江竹筠、马秀英、李惠明被关押在女牢，张国维、郝耀青、蒋开萍被关押在男牢楼下七室，何懋金被关押在男牢楼下六室，黄宁康被关押在男牢楼下四室，胡其恩被关押在男牢楼下一室，艾文宣被关押在男牢楼下八室。渣滓洞监狱中的川大学子并没有因身陷囹圄而消极懈怠，也没有因难忍酷刑而叛变求荣，他们在狱中坚持学习，锻炼身体，迎接解放。他们从未放弃希望，在狱中与敌人斗智斗勇的同时也想方设法与狱外组织取得联系。可以说，渣滓洞中以江竹筠为代表的川大英烈表现出了坚定的理想信念与顽强的斗争精神，是川大历史传统与治校精神的时代缩影。

川大学子能够在渣滓洞监狱斗争中发挥中流砥柱作用并非偶然，江竹筠以柔弱身躯在歌乐山构筑起强大的精神丰碑，成为红岩精神核心代表也并非一时巧合。"以史为鉴，可以知兴替"，对于新民主主义革命时期川大师生的艰苦斗争，革命前辈、老教育家张秀熟在《四川大学史稿》序言中，作了极为精辟的概括："自辛亥起义至五四运动，汇为革命洪流。1921年7月，中国共产党成立之后，校友王右木即建立四川社会主义青年团，为中国共产党四川党组织的建立奠定了基础。自大革命、土地革命战争、抗日民族战争，直到解放战争胜利，无一年无革命斗争，川大校友无不站在斗争前列，监狱也成为战壕，'二一六'、渣滓洞、十二桥，至今黄土丰碑，犹有烈士鲜血的光芒，这就是新民主主义革命时期四川大学的革命斗争史。"[①]"海纳百川，有容乃大"的精神时刻铭记在川大学子的心中，从视野到胸怀塑造了川大学子的精神高度与心灵世界。川大的进步社团数目多、影响大，成为培养川大学子参与进步活动的重要阵地。当时川大影响比较大的进步社团有文艺研究会、时事研导社、文学笔会、女声社、自由读书会、黎明歌唱团及自然科学研究社等。渣滓洞中的川大英烈无一不是川大进步社团的骨干成员。因此，在重大的历史转折时期与民族生死存亡的关键时刻，川大学子从未缺席也不会缺席，川大一直是"传播革命种子的园地""民主堡垒""进步势力大本营""发皇文明的阵地"。据不完全统计，有着厚重历史底蕴和深厚革命文化的四川大学，在中国近现代革命和建设进程中，有80余位川大学子发挥了突出作用，做出了重要贡献，为

[①] 成都市武侯区政协文史资料委员会编《武侯文史集萃》，四川人民出版社，2000年。

民族独立、国家解放和人民幸福献出了生命，彰显了川大的光荣传统和红色基因。

为了深度挖掘川大红色资源，传承红色文化，弘扬革命精神，我们经过调研、搜集、整理，撰写了本书。在撰写过程中，我们重点关注以下几个方面：一是以川大对渣滓洞监狱中川大英烈的积极影响为核心，突出川大思想教育、川大精神引领对渣滓洞监狱中川大英烈不可忽视的重要作用；二是将渣滓洞监狱中的川大英烈置于百年党史的人物坐标系中，将共时的史实与历时的影响相结合，研究探索英烈精神的思想内涵、传承意义与传承路径；三是精心梳理整合与渣滓洞监狱中川大英烈相关的史实文献及研究资料，以期为相关研究贡献绵薄之力。

"我们一定要牢记革命先辈为中国革命事业付出的鲜血和生命，牢记新中国来之不易。"[①] 1951年，对于还未毕业便为祖国奉献出年轻生命的郝耀青、李惠明、马秀英等青年学子，川大专门补发了毕业证，表达了学校对他们的尊敬与怀念。2019年11月14日，即江姐牺牲70周年纪念日这天，"江姐纪念馆"开馆暨"四川大学革命英烈事迹陈列馆"揭牌仪式在川大望江校区举行，隆重纪念以江姐为代表的川大英烈。那些年轻的川大英烈将永远留在川大人的心中，历史不会忘记，川大不会忘记！

---

① 习近平总书记2020年7月22日至24日在吉林考察时的讲话。

上编　渣滓洞集中营的川大英烈

江竹筠传

江竹筠烈士（1920—1949）

江竹筠，原名江竹君，革命烈士，"100位为新中国成立作出突出贡献的英雄模范人物"之一。她是小说《红岩》中"江雪琴"的人物原型，也是为大众所熟知的"江姐"。江竹筠是在渣滓洞监狱受尽酷刑却仍坚贞不屈的巾帼英雄，她的事迹被广为传颂，影响和激励了几代人。

1920年，江竹筠出生在四川省自贡市大山铺江家湾的一个农民家庭。8岁时，她随母亲逃荒至重庆，进袜厂做童工，后先后考入重庆南岸中学和中国公学附中。1939年，加入中国共产党。1941年夏天，21岁的江竹筠被中共川东特委调任重庆新市区区委委员，负责组织学生运动，发展新党员。1943年5月,党组织安排她与中共重庆市委领导人之一彭咏梧假扮夫妻,组成一个"家庭",以住所作为重庆市委的秘密机关和地下组织成员学习辅导中心。1945年,她与彭咏梧正式结婚,婚后继续协助彭咏梧工作,负责处理党内事务和内外联络工作。1947年,党在国民党统治区组织和领导了第二条战线的斗争,江竹筠受中共重庆市委的指派,负责组织大中学校的学生与国民党反动派进行斗争。她还在丈夫的直接领导下,负责中共重庆市委地下刊物《挺进报》的联络和发行工作。1948年春节前夕,彭咏梧在组织武装起义时不幸牺牲,头颅被敌人割下,挂在城门上示众。江竹筠强忍悲痛,继续从事革命工作。1948年6月14日,由于叛徒的出卖,江竹筠不幸被捕,被关押在重庆渣滓洞监狱。国民党反动派军统特务用尽各种酷刑,如老虎凳、辣椒水、吊索、带刺的钢鞭、撬杠、电刑等,要从这个年轻的女共产党员身上打开缺口,获取领导川东暴动的共产党组织和重庆地下组织的情况。面对敌人惨无人道的酷刑摧残和死亡威胁,江竹筠始终坚贞不屈。1949年11月14日,在重庆解放前夕,江竹筠被国民党军统特务杀害于电台岚垭,年仅29岁。

作为对红岩精神的传承和光大,江姐精神已成为巴蜀革命历史的光荣象征。在江竹筠身上,爱国、奋斗、团结和奉献不是空喊的口号,而是用一生去实践的信仰。要了解江竹筠令人敬佩的一生,还需要从她自身的人生轨迹和当时的时代背景出发。

思想的洗礼与升华:江姐的川大岁月

江竹筠原名江竹君,竹筠是其狱中化名[①]。《礼记·礼器》中讲"其在人也,如竹箭之有筠也,如松柏之有心也",筠是坚韧的竹皮,而竹筠象征着坚贞。江竹筠人如其名,一身傲骨,如筠如竹。虽然江竹筠在入读川

---

① 丁少颖:《江姐真实家族史》,武汉大学出版社,2011年。

大前就已经加入了中国共产党，但在川大农学院求学期间，党组织对她的教育亦对她产生了不可磨灭的影响。

江竹筠在1939年加入中国共产党，后于1944年5月来到成都，化名江志炜，经组织安排考入国立四川大学农学院植物病虫害系学习，从事党的秘密工作。1944年，由于时局动荡，日寇入侵贵州，大后方的群众和进步分子或在等待组织的联系，或自觉组织力量进行抗日活动。在这样的背景下，江竹筠在川大最主要的任务是：遵循党组织的指令，以普通学生的身份做群众工作；在发展党员的同时配合学校党组织的工作。因此，江竹筠入学后一直按照党对地下工作者"勤学、勤业、勤交友"的要求自律行事。

"勤学、勤业、勤交友"是周恩来同志于1941年提出的"三勤"政策。"勤学"是指勤于学习。江竹筠虽然聪明，却因为多方面的原因而没能完成高中阶段的学习。按照当时国民政府的规定，报考大学必须要具有高中学历。于是，"江竹筠便借用了一个名叫光志炜的人的高中毕业文凭。于是，她改名江志炜"[1]。因此，在四川大学的学生注册档案中，江竹筠留下的是"江志炜"的名字。虽然江竹筠借别人的文凭才获得了报考四川大学的资格，但她凭借自己的努力，用两个月时间补习，最终考上了川大，并且在就读期间一直保持着不错的成绩。她选择农学，是想到解放后国家需要的就是农学人才，而且农学正是当时川大的优势学科。1935—1949年，国立四川大学农学院由最初的农学和林学两系逐渐衍生发展出农艺学系、森林系、农经系、蚕桑系、畜牧兽医系、园艺系、植物病虫害系、农业化学系等八个系。对当时农学院的学科实力，英国著名科技史学者李约瑟在考察后曾评价道："川大最强的学科是农学。"[2]

在川大学习生活期间，江竹筠结识了一群优秀的学生和老师。在参加

---

[1] 张廷茂：《百年名校——四川大学》，四川大学出版社，1996年。
[2] 潘坤、瞿晓静：《江竹筠烈士在四川大学农学院的求学岁月》，《四川档案》2021年第1期。

国立四川大学入学考试时，江竹筠结识了董绛云（后为四川大学另一英烈校友张大成的发妻）。江竹筠、董绛云、张大成三人于1944年9月一同考进了植物病虫害系。江竹筠和董绛云二人要好，还住进了同一间寝室，江竹筠住上铺，董绛云住下铺。一年后，三人又一起转入农艺系学习。

江竹筠、张大成和董绛云等人在国立四川大学农学院求学期间，曾受教于许多名师，如杨开渠、杨允奎、彭家元等都曾担任过他们的专业课任课教师。其中，杨开渠讲授农艺学并指导农场实习，杨允奎讲授生物统计学，彭家元讲授土壤肥料学。这三位教授在当年不仅都是留学归来报效祖国的饱学之士（杨开渠毕业于日本东京帝国大学，杨允奎毕业于美国俄亥俄州立大学，彭家元毕业于美国艾奥瓦州立大学），而且值得一提的是，这三位先生也都是深具爱国情怀的卓越志士。其中，杨开渠是在1927年加入中国共产党，后在白色恐怖期间抵沪赴日的老党员，他与杨允奎在全面抗战时期的四川稻麦改进场和国立四川大学农学院稻作室（今四川农业大学水稻所）曾为抗战粮草输出做出了重大贡献。而彭家元不仅本身是四川土壤肥料学创始人，其胞兄彭家珍更是舍身炸死清廷顽固保皇派良弼，逼退清宣统帝，后被孙中山追授为陆军大将军。[①]

在学好功课之余，江竹筠还会刻苦研读进步书报到深夜，并做好摘录与笔记。进入二年级后，她还主动向同学学习学校没有教授的俄语。[②]

---

① 潘坤、瞿晓静：《江竹筠烈士在四川大学农学院的求学岁月》，《四川档案》2021年第1期。
② 赵锡骅：《江姐在四川大学》，《红岩春秋》2004年第6期。

江竹筠的国立四川大学学生入学登记表

（图片来自四川大学校史馆）

"三勤"政策中的"勤学"，要求地下工作者在校组织相关工作时也要保持优秀成绩，以吸引同学和老师的关注。江竹筠在校学习刻苦，成绩一直不错。她看到化学系学生蒋国基因为功课好、品学兼优，参加进步社团后影响了一些中间同学向其靠拢，便和民主青年协会（简称"民协"，党的外围组织）骨干赵锡骅谈论这件事，指出："小蒋功课好，在中间同学里很有威信，他们喜欢和他接近，比较听他的话。你们比较暴露，特务又故意把你们加以赤色渲染，使中间同学对你们疑惧，不敢靠近。我们常缺课，自修时间更少，确实有些脱离群众，是一个问题。"① 民协很快采纳了江竹筠的意见并做出了很多改变。此外，江竹筠也时刻注意学校里成绩优

---

① 党跃武、陈光复主编《川大记忆——校史文献选辑（第4辑）》，四川大学出版社，2011年。

良的学生，尝试与这些同学建立联系，在学习上互相促进，在思想上彼此交流。室友黄芬回忆江竹筠时说："我还告诉志炜，李淑瑗是我们班上的高才生，她在学校年终考试总是第一名，还参加全校的讲演比赛，得了冠军。志炜听后，对她印象很好，叫我要团结李淑瑗，多和她交流思想。从此，我和志炜的交往又加深了一步。"①

"勤业"，是指勤于组织同学和群众参加社团活动、社会运动等。江竹筠不仅是一个用功的好学生，也是川大学运组织的负责人。虽然她接到了避免暴露的指令，但她一直以学姐的身份积极参加社团的具体工作。她入学后就参加了民协、进步学术团体"女声社"和"文学笔会"。根据共青团中央青运史研究室的记载，当时"四川大学就有20多个进步社团，参加人数达四五百人。华西协合大学通过团契这种合法的组织形式把同学团结起来，阅读进步书刊，举行座谈讨论，（使大家）思想觉悟都有不同程度的提高，很多学生走上了革命道路。如牺牲在重庆中美特种技术合作所的江姐（江竹筠）曾经是成都进步社团的活跃分子"②。

江竹筠参与的女声社是积极为女同学谋取切身利益并积极参加全校学生运动的进步社团，成立于1945年，借出版壁报《女声》宣传进步思想，提倡妇女解放。③ 江竹筠是女声社副社长，也是壁报《女声》的负责人，《女声》刊头妇女手擎火炬的形象就是她设计的。后来江竹筠离校，《女声》壁报也随之停办。④ 川大女生院在女声社之后又组织成立了一个叫"自由读书会"的进步团体，由江竹筠带头阅读了《约翰·克利斯朵夫》和《安娜·卡列尼娜》等名著。⑤ 这两个社团的独特之处在于，它们在救亡启蒙以外还学习研究中国妇女独立解放之路。女声社的创立人黄立群在

---

① 何盛明主编，《锦江怒涛》编委会编《锦江怒涛1944—1949》，四川大学出版社，2006年。
② 共青团中央青运史研究室、团上海市委青运史研究室、中共上海市委党史办编《解放战争时期学生运动论文集》，同济大学出版社，1998年。
③ 四川大学校史编写组编《四川大学史稿》，四川大学出版社，1985年。
④ 何盛明主编，《锦江怒涛》编委会编《锦江怒涛1944—1949》，四川大学出版社，2006年。
⑤ 何盛明主编，《锦江怒涛》编委会编《锦江怒涛1944—1949》，四川大学出版社，2006年。

回忆文章中写道:"江姐和我同是农学院的学生,同住农学院女生宿舍。她接任女声社副社长职务后,我很高兴。她沉稳细致,语言不多,但很中肯。她很快就提出了如何巩固发展女声社,使它真正成为女同学要求进步的学习和活动阵地的意见。她说,读书会就要多读点书,以提高我们的思想觉悟和文学水平。她把社里的书报、资料整理得井井有条,还制定了学习和出周刊的计划。由于前一段时间校内外斗争紧张,我把学习计划都丢在一旁,是江姐帮助纠正了我的工作偏差。"① 独特的女声社自会招致反动派的特殊"关照",但每次碰到反动头子训导长丁作韶带两个训导员和女生院舍监"突击",江竹筠总能沉稳应对。②

文学笔会是一个影响较大的进步学术团体,在1944年下半年由青年诗人杜谷、孙跃冬发起成立。江竹筠加入了这个团体,并做了一些工作。会内建立了民协小组。该团体出版的《旗》(诗歌)、《山水·阳光》(小说与散文)、《野花与剑》(杂文)等三种壁报内容丰富,版面美观,很受同学欢迎。壁报中有时载有在蓉进步作家的作品。他们还经常举行文艺座谈会、报告会、纪念会和演出活动。成都市第一台秧歌舞《兄妹开荒》,就是该会于1947年排演的。文学笔会以学术文艺宣传活动而著称,是一个在群众中影响较大的团体。在历次革命活动和革命斗争中,它都积极带头参加,经常负责起草宣言等文件,是学生运动的骨干力量之一。③

江竹筠在文学笔会开展工作的同时,还不忘关心不同社团的团结和发展。当时,由于文学笔会取消了只收有文学素养的学生这一限制,吸收了许多其他社团发展的同学,被兄弟社团议论,江竹筠便建议文学笔会的负责人帮助兄弟团体发展。在劝解中,江竹筠介绍了校内其他社团的经验:"1944年冬天,《华西晚报》报道了四川大学先修班的问题,发生了营业厅被砸事件,四川大学进步同学用17个学术团体的名义声援慰问《华西晚

---

① 赵锡骅:《江姐在四川大学》,《红岩春秋》2004年第6期。
② 赵锡骅:《江姐在四川大学》,《红岩春秋》2004年第6期。
③ 四川大学校史编写组编《四川大学史稿》,四川大学出版社,1985年。

报》。反动分子便以维护校誉为理由，组织"护校团"，指责进步同学盗用四川大学名义，并拿出黑名单说：'所谓17个学术团体，不过就是那么七八个人。'这影响了一部分中间同学，使进步力量处于被动。"① 文学笔会负责人在江竹筠的劝解下接受了意见。②

除了组织社团运动，江竹筠还组织了学生运动。1944年10月21日，成都市警察局在镇压学生运动时殴打学生并逮捕了40多人。江竹筠听闻国民党政府不抗战却欺压学生的行为后，同黄芬一道去调查真相并在同学之间广泛传播真相。黄芬回忆这次运动时清晰记得，江竹筠在这次运动里发挥了不可忽视的组织作用，使更多积极分子被团结起来。③

"勤交友"，是指地下党人要积极为同学们办实事。"在1944年至1948年期间，川大学生运动都同社团的活动密不可分"④，这段时期川大的民协工作者不仅依靠学生社团积极组织开展学生运动，还根据形势变化，把握时机，鼓励进步分子办食堂，尽量利用各种资源为战区学生和家庭困难的学生提供帮助⑤。毛泽东同志曾明确指示，"应该广泛地展开统一战线的工作，即交朋友的工作"。江竹筠颇受同学们信赖，能"与觉悟程度各异的同学相处，关心、帮助同学，并通过言谈、举止和琐事，给同学以启迪、感染，从不强加于人。例如，江竹筠虽然按照隐秘要求不会公开参加进步活动，但还是会带女同学走出学校，深入工人工作前线，在参观中感受纺织女工的辛苦"⑥。

为了更好地和同学交流，江竹筠也会和大家一起看电影。有时遇到反

---

① 党跃武、陈光复主编《川大记忆——校史文献选辑（第4辑）》，四川大学出版社，2011年。
② 赵锡骅：《江姐在四川大学》，《红岩春秋》2004年第6期。
③ 何盛明主编，《锦江怒涛》编委会编《锦江怒涛1944—1949》，四川大学出版社，2006年。
④ 四川大学校史编写组编《四川大学史稿》，四川大学出版社，1985年。
⑤ 成都市政协文史学习委员会编《成都文史资料选编 解放战争卷上·黎明前夜》，四川人民出版社，2006年。
⑥ 何盛明主编，《锦江怒涛》编委会编《锦江怒涛1944—1949》，四川大学出版社，2006年。

苏反共的美国电影，江竹筠会气愤地劝同学不要去看。① 她喜欢的电影是苏联电影《丹娘》。有一次和同学谈起这部电影，她说："丹娘最勇敢，她从容就义，宁愿死，啥都不肯说。"一次，江竹筠同一位安徽籍的进步同学说："革命是艰巨的事业，难免有牺牲，贪生怕死的人是不能干革命的。如果被捕了，千万不可牵连别人。"② 一次，在和同学讨论波兰作家廖·抗夫的剧本《夜未央》时，江竹筠说出了自己对为革命献身的看法："有你们献身的时候，你几个已经暴露了，难免有被捕的可能。但是，牺牲并不是目的。如果被捕了，只说一点自己公开的活动，其他一概推说不知道，更不涉及别人。把法庭和刑场作为新的战场，揭露反动派，宣传革命真理，斗争到最后一刻。讲些什么话，都要先想好，到时候才能沉着从容。你小说、诗歌看得多，热情，还要注意冷静，才好想对策。"③ 丹娘面对酷刑毫不屈服的精神在以后的革命道路上一直陪伴着江竹筠。烈士何雪松曾为江竹筠写过一首题为《灵魂颂》的诗：

> 你又镣铐着回来了
> 毒刑没有屈服你的忠贞
> 许多同志因你的忠贞而安全了
> 革命工作因你的忠贞会开展飞腾
> 你，你是丹娘的化身，你是苏菲亚的精灵
> 不，你就是你，你是中华儿女革命的典型。④

江竹筠对同学的照料还体现在生活的各个细节中。例如，她比室友董绛云早5年入党，但她从不以老同志自居，而是亲切待人，虚心与新同志交流。董绛云追怀江竹筠时表示："她信任我，爱护我，尊重我，从未引

---

① 何盛明主编，《锦江怒涛》编委会编《锦江怒涛1944—1949》，四川大学出版社，2006年。
② 四川大学校史编写组编《四川大学史稿》，四川大学出版社，1985年。
③ 赵锡骅：《江姐在四川大学》，《红岩春秋》2004年第6期。
④ 四川大学校史编写组编《四川大学史稿》，四川大学出版社，1985年。

起过我一点反感。我生平少遇这样好相处的朋友。"① 同为室友的黄芬，也时常得到江竹筠的关照。黄芬在回忆时谈道："上英语课，老师要同学先预习。江志炜花了不少时间查英文单词。我记得有一次有一篇课文叫'The Song on the River'（河上之歌），内容是拉纤河工在河边拉船时唱的号子。江志炜告诉我，河工如何可怜，冬天也赤脚在水里走，十分辛苦，赚来的钱勉强够糊口。社会上贫富悬殊，穷人受苦，我们应该努力改变这个局面。在川大，一年级的第一学期由于功课不太紧，晚饭后，我们常去锦江河畔的大路上或望江楼公园散步。散步回来，同屋的同学就拿出扑克牌打桥牌玩。江志炜有时也参加，她思维敏捷，每次玩桥牌都是赢家。输了的室友不知不觉，往往玩至深夜，影响第二天上课。江志炜就建议大家别再玩扑克牌，浪费宝贵时间，不如多复习功课或看课外书。这件事我印象很深，使我决心从此不再玩扑克牌，这个习惯保持到现在。"②

除了同寝室友，江竹筠也默默关注着周围其他同学的情况。例如，"王云先同学由于家贫，只能一边在邮局工作，一边在四川大学读书，难免缺课。江竹筠就主动帮助她，把教师讲授的要点转告给她，又将记得很工整的笔记或英文生词本借给她。王没有在校住宿，课余就在江竹筠寝室自修。如果下雨不能回家，她就和江竹筠挤在狭小的双层床上睡觉"③。此外，女生院伙食团的伙食管理这种关系着女生切身利益的生活事宜也在江竹筠的关注范围内。例如，"女生院伙食团每年要选一个年度经理主持全年的伙食管理工作，这年准备选陈光明当年度经理。陈起初嫌耽误时间太多，不太想当。江竹筠知道后，就鼓励她说：'对同学们真正的福利事业，我们应该多做一些，而且要把它做好，使同学们相信我们是真正关心爱护大家的。'后来，陈光明高高兴兴地担任了这个职务，做得很有成绩，还被推选在学生自治会负责。陈回忆这段往事，很感动地说：'我们在当年

---

① 党跃武、陈光复主编《川大记忆——校史文献选辑（第4辑）》，四川大学出版社，2011年。
② 何盛明主编，《锦江怒涛》编委会编《锦江怒涛1944—1949》，四川大学出版社，2006年。
③ 党跃武、陈光复主编《川大记忆——校史文献选辑（第4辑）》，四川大学出版社，2011年。

的学生运动中，能出头露面做点事情，是依靠进步同学，特别是民协组织的支持。这也与江姐对我的精心扶持分不开。她差不多在每一个关键问题上都给我出主意。态度谦和诚挚，在无形中给人以感染，她是那么平易。当时，我甚至未察觉到她的特殊作用。'"① 陈光明在竞选理事长时，江竹筠正在休产假，但她依然没有懈怠，而是"叮嘱董绛云多做女同学工作，一定要选上陈光明"②。这些都体现了江竹筠对川大女生院同学的关心。此外，她还曾和同学一起，捐钱救济女生院工人被咬伤的孩子。

正如周恩来同志所说，"我们在白区进行斗争，一没有政权，二没有武装，经费也很少，我们依靠什么？就是依靠正确的路线、坚定的信仰、严密的组织、严明的秘密工作纪律、灵活机智的战略战术和群众的拥护，以及朋友的帮助才取得胜利的。"对于江竹筠来说，艰难困苦都可以想尽办法去克服、去战胜。例如，在川大女生院的时候，她就鼓励大家向有经验的人请教，自己买染料和白布来染布，解决穿衣的问题。江竹筠作为从川大走出的"丹娘"，在离开川大以后也一直贯彻"勤学、勤业、勤交友"的准则，赢得了大家的信任。

动荡时代的追光人：江姐的革命工作

江竹筠之所以会被叫作江姐，一个重要原因就是她成熟稳重，深受大家的爱戴和尊重。哪怕她牺牲时才29岁，许多年龄比她大的同志也会亲切地称她为江姐，因为她对革命同志温柔如春风，对敌人叛徒冷酷如冬雪。

江竹筠的性格与她的幼年经历密不可分：8岁时，跟随母亲逃荒，脱离了游手好闲的父亲，投奔重庆亲戚；10岁进入重庆织袜厂当童工，后来托三舅的关系到基督教会办的孤儿院小学上学。

[①] 党跃武、陈光复主编《川大记忆——校史文献选辑（第4辑）》，四川大学出版社，2011年。
[②] 何盛明主编，《锦江怒涛》编委会编《锦江怒涛1944—1949》，四川大学出版社，2006年。

1939 年读高中时的江竹筠

江竹筠的三舅李义铭开办的重庆义林医院及住宅

（图片来自《江姐真实家族史》）

江竹筠在进入川大前，就已经和一些同志结下了深厚的革命友谊。她和朋友何理立一起考入中华职业学校（黄炎培于 1918 年创办，抗战期间一部分由沪迁渝）会计科。两人幼时同窗，目睹了平时为人正直、受人尊敬的丁尧夫老师（中共党员）被抓捕后慷慨就义的场景。江竹筠想不通，这样一个为他人请命的人为何最后却是这样的结局。她相信丁尧夫老师做的是正确的事。因此，她心中的革命火种在那时就已经种下。江竹筠于1939年加入了中国共产党，何理立也加入了共产党，但为了保密，她们并没有互相告知。1941年皖南事变发生后，国民党《中央日报》刊登新闻诬称新四军"不听调遣，袭击友军，导致惨案"，作为中华职业学校和周边学校的党组织负责人，江竹筠奉组织命令发放传单以让更多人了解真相。何理立以晚上请同学跳舞作为掩护，成功帮助江竹筠夜晚离开寝室而不被室友发现，顺利完成了任务。二人毕业后依然互相扶持。作为地下工作者，江竹筠的身份是信托局职员的太太，何理立则是生活书店的会计。习惯清苦生活的江竹筠吃穿住行都十分节约，却把积蓄拿出来当作活动经费，而何理立总是会在江竹筠舍己为公时接济她。1944年二人被特务跟踪后，接受组织命令从重庆转移到成都。在江竹筠考上川大前，二人在成都彼此帮助，有时甚至不得不因为生计艰辛而共用一份薪水。这种宝贵的情谊不断激励着江竹筠思想的进步与行动的成熟，正是因为这些良师益友对江竹筠的思想引领、行为模范、关心照料和无私帮助，她才能够顺利找到通往革命的正确道路。

在这段工作经历中，江竹筠不仅收获了友情，还遇到了革命伴侣彭咏梧。1943年，中共重庆市委书记王璞出于安全考虑，让彭咏梧在重庆安家，因为已婚的身份更方便彭咏梧开展工作和隐藏身份。彭咏梧虽然在云阳县已经有一位结发妻子谭正伦，但时局动荡，彼此迟迟联系不上，而工作紧急，无法拖延。最后，江竹筠接到了组织的任务：担任彭咏梧的助手和"妻子"。二人组成的"家庭"是重庆市委的秘密机关和地下工作者学习辅导中心。两人还共同负责中共重庆市委地下刊物《挺进报》的组织和发行工作。1945年上半年，组织批准二人正式结婚。1946年4月，江竹筠在四川大学求学期间生下了儿子彭云。这次生产充分体现了江竹筠独立坚强的性格：这是一次难产，彭咏梧也不在身边，江竹筠考虑到工作的危险性和复杂性,坚持在生下儿子的同时做了绝育手术。① 在新的家庭成员诞生的同时,她决定将自己终身奉献给党和人民。

1946年7月,四川大学放暑假后,江竹筠带着儿子彭云回到重庆,马上投入到新的工作中。这次她负责的是往来重庆市委机关的同志们的食宿工作。当时地下组织的革命同志为了方便,常常选择在公共场所接头,但这也增加了被特务跟踪的危险。江竹筠为了保护革命伙伴的安全,开始寻找合适的办公场所。后来通过在重庆市青年会红十字医院工作的陈作仪(彭咏梧的老部下),以彭咏梧的名义,租到了一套交通方便且安全的宿舍。布置房间时,江竹筠十分谨慎,只按照彭咏梧的职业身份简单置办了基本家具,"从此,市委有了固定的接头地点,市委的许多重大决策都是在这里完成的"②。

抗日战争胜利后,国统区的形势更加严峻。为了加强国统区群众民主运动工作,江竹筠作为彭咏梧的助手,除了负责安排食宿,还负责市委与市外党组织的通信联络工作,领导着几个秘密通信站。江竹筠从思想、工作和生活多方面着力,不断推进相关工作,十分负责。生活方面,江竹筠关心周围每一个人的生活,包括保姆和战友。孤寡老人李四婆是江竹筠的幺姨李泽华介绍来的保姆,她总向李泽华说:"竹君(筠)才怪哟,在家里设铺招待客人,还把新衣服给落难的人穿。"③ 李泽华的儿子颜矗去东北上学后,江竹筠也常去看望她:"八表弟走了嘛,该我孝敬你了嘛,这一点心意,你哪能不收呢?"④

重庆紧张的局势、还不健全的市委组织机构、急需人手的地下工作,都让江竹筠义无反顾地留在彭咏梧身边,继续协助他的工作。因此,江竹筠虽然喜爱学习,但最终还是让好友董绛云帮她办理了休学手续。1946年

---

① 赵锡骅:《江姐在四川大学》,《红岩春秋》2004年第6期。
② 杨宏:《说不尽的江竹筠》,《红岩春秋》2016年第3期。
③ 杨宏:《说不尽的江竹筠》,《红岩春秋》2016年第3期。
④ 杨宏:《说不尽的江竹筠》,《红岩春秋》2016年第3期。

9月28日，董绛云收到江竹筠的来信，到学校为其办理了休学手续。① 其实，江竹筠这次办理的是休学手续，她心里还想再回母校继续读书。在1948年，她还去信表示想回川大复学。② 可惜这一别竟是与母校川大的永别。江竹筠带着自己在川大收获的进步思想、开阔视野、无畏气魄、同窗深情、工作经验，继续奔向革命的一线，承担通信联络工作，组织重庆的学运工作。

在接下来的两年，她主要经历了两个重要的事件。其一是"沈崇事件"后抗议美军暴行的行动。1946年10月，江竹筠接到中共重庆市委命令，前往南泉西南学院建立党支部，发展入党成员，建立党小组。③ "沈崇事件"爆发后，在江竹筠的大力协助下，学生党员罗永晔积极组织进步同学在西南学院揭露美军暴行，在《新华日报》上发表抗议宣言，联络南泉地区的草堂国学专科学校、南林中学和土桥的清华中学等学校成立"重庆学生抗议美军暴行联合会"。其二是重庆师生的"反饥饿、反内战、反迫害"运动。1947年5月20日在南京和天津发生了殴打和逮捕游行学生的"五二〇"血案。西南学院响应"反饥饿、反内战、反迫害"的口号，开始罢课、游行示威。江竹筠作为西南学院党组织的负责人之一，让罗永晔与市内其他院校建立联系。在发现国民党重庆当局于6月1日逮捕西南学院的爱国师生后，江竹筠果断做了两手准备：一方面让其他党员同学如胡惠森和陈家俊回校发动同学声援被捕师生，另一方面联系党的外围组织"六一社"声援营救活动。一个多月后，大部分师生被成功释放，江竹筠也趁此机会吸纳了运动中的积极分子。④

可以发现，江竹筠始终没有忘记"三勤"原则，除"勤学"和"勤业"外，"勤交友"也被她时刻铭记。无论有多少艰难困苦，她都没有忘

---

① 杨宏：《说不尽的江竹筠》，《红岩春秋》2016年第3期。
② 赵锡骅：《江姐在四川大学》，《红岩春秋》2004年第6期。
③ 胡平原：《江姐在巴县西南学院引领的学生运动》，《工会信息》2020年第18期。
④ 胡平原：《江姐在巴县西南学院引领的学生运动》，《工会信息》2020年第18期。

记关怀身边每一个人。同样地,她也得到了许多朋友的帮助。作为"家庭妇女"的江竹筠为了便于外出,需要一个职业身份来掩饰自己,于是二舅李树荣介绍江竹筠去敬善中学当会计。据江竹筠的表妹、李树荣的女儿李秀坤说:"后来遇见孙谦等人,他们都很怀念江竹筠,说江竹筠很会为人处世。江竹筠与同事们相处得好,时间长了,尽管大家隐约猜测江竹筠可能是共产党的人,但没有人去告发她。"①

江竹筠负责联络的秘密通信站的党员中,唐永梅负责收转合川的来信。唐永梅当时是国民党《时事新报》的校对,住在报社宿舍。唐的室友陈仲梧同情革命志士,每次遇上江竹筠来找唐永梅,都会给予方便。江竹筠主要让唐永梅负责两件事。其一是掩护组织通信。她们定下暗号,收信人地址都是唐永梅的,凡是邮票贴在左上角的信件都只能由江竹筠来取,不可提前拆封。其二是帮助组织接头,以"文生叫我来的"作为暗号。为了保密,唐永梅的社交范围非常小,也不能参与进步运动,每日随时等着江竹筠来取信。所以,江竹筠除了给唐永梅安排工作,还会和她分享自己的工作经验:"我做这项工作,开始也觉得简单,不过瘾,不安心。后来看到很多事例,才明白通信联络看似平常,实为党的纽带,稍有差池,就会使一些同志失去党的领导。它又是党的前卫,你的地址掌握在许多同志手里,如有一个不坚定的分子出了问题,首当其冲的是你,你顶住了,上级和其他同志就安全了。"② 江竹筠也关心唐永梅的思想状况。一次,唐永梅向江竹筠倾诉合川的船夫喊侮辱女性的号子让她很不愉快,江竹筠宽慰她说,船夫喊号子是因为对社会不满,那是生活艰苦带来的吼声,应当多理解他们③。唐永梅听后也释然了。

除此之外,江竹筠还注意到唐永梅生活拮据并且还要赡养母亲,所以即使她自己也一贫如洗,却常常对唐永梅嘘寒问暖。2008年,重庆红岩革

---

① 杨宏:《说不尽的江竹筠》,《红岩春秋》2016年第3期。
② 杨宏:《说不尽的江竹筠》,《红岩春秋》2016年第3期。
③ 杨宏:《说不尽的江竹筠》,《红岩春秋》2016年第3期。

命纪念馆采访唐永梅时,她哭着回忆:"江姐从来不摆领导架子,很关心我的困难。我要负担母亲的生活,她常问我是否按月寄钱回家,是否缺钱,如果缺钱组织可以帮助。她还多次询问我对婚姻问题的想法,为我设法在党内物色对象。有时还带点食品来和我共进一餐。她说话简短,但事情交代清楚,一丝不苟。我们收转信件,没有出过一次差错。在白色恐怖的年代里,江姐就像一个热水瓶,温暖着我这样的普通地下党员,给我关怀和温暖,驱散我的孤寂,给我力量,使我愉快地坚持通联工作。"①

正是因为江竹筠负责联络工作,掌握了重庆地下工作者名单和联络方式等重要资料,他们夫妇成为特务重点"关照"的对象。1947年夏秋时节,彭咏梧、江竹筠夫妇接到组织命令,以回老家探亲为由赶赴下川东云阳、奉节、巫山、巫溪前线。12月,江竹筠到云阳炉塘坪参加会议后,再次接到调令,被派回重庆。江竹筠走后,局势变化,1948年春节前夕,彭咏梧被杀害。② 江竹筠在悲痛之余,毅然选择到下川东地区继续从事革命工作。当时组织和朋友都劝她留在重庆,既是为了孩子,也是因为彭咏梧暴露后奉巫一带已经是是非之地。但江竹筠仍然坚持工作,因为那条秘密联络通道只有他们二人才熟悉。临走前,江竹筠将结婚时购置的衣柜送给了《挺进报》的同志。在这段悲痛的时间里,江竹筠仍然在关心别人。彭咏梧被害后,江竹筠和奉巫工委副书记小卢一路从万县搭轮船回重庆,路上江竹筠得知小卢有慢性病还一直待在农村做斗争,就叮嘱小卢去她的一个联络点治疗。③ 江竹筠爱的从来不是一个抽象的概念,而是苦难时期的每一个活生生的人。自身经历的伤痛只会让她更加深刻地体会同胞正在经历的苦难,让她更加坚定自己的信仰。

---

① 杨宏:《说不尽的江竹筠》,《红岩春秋》2016年第3期。
② 小说《红岩》和电影《烈火中永生》对江竹筠的故事进行了一些文艺创作,例如江竹筠其实没有看到丈夫的头被挂在城门上,并强作镇定。实情是江竹筠身边的人告诉她丈夫遇害的消息。参见杨彪、张放:《一片丹心向阳开——江竹筠烈士事迹再寻踪》,《雷锋》2015年第1期。
③ 党跃武、陈光复主编《川大记忆——校史文献选辑(第4辑)》,四川大学出版社,2011年。

烈火中的红梅：江姐的狱中斗争

1948年6月14日，江竹筠因叛徒出卖被捕，被押送到国民党重庆行辕二处——西南特务头子徐远举处。徐远举得知江竹筠被捕的消息后兴奋异常，他认为，对付一个女人易如反掌，但一路押送江竹筠的特务告诉他，江竹筠非常"顽固"。原来，在押送的路上，特务将江竹筠等被捕革命者的手脚捆绑起来，让他们坐在甲板上，而出卖江竹筠的叛徒则能在餐桌上吃饭，睡觉的时候还有毛毯盖。特务们给叛徒好的待遇，就是希望诱惑革命者投降叛变。但江竹筠一看到叛徒立即大声骂起来，让叛徒羞愧难当。徐远举知道，要想瓦解下川东武装斗争的力量，江竹筠是唯一的突破口，于是他决定亲自审讯江竹筠。由于这次审讯异常关键，当时的军统总务处处长沈醉也到场监督。

当江竹筠被押解到审讯室门口时，她看到审讯室两边放满了各种刑具，而她之前早就从同志们口中了解到这些刑罚残忍至极。彭咏梧已经牺牲了，那么武装起义的事情，就只有江竹筠知道了。看到那些残害自己丈夫和同志的敌人时，江竹筠便决定以一种特殊的方式与敌人战斗。

据沈醉后来出版的回忆录描述，徐远举上来就问了十多个问题，但江竹筠却像早已想好口供一般，一概回答不知道、不认识。徐远举当即命令特务对江竹筠用重刑。特务用特制的竹筷子刑具夹江竹筠的十指，每次都先慢慢夹紧，等江竹筠快昏死的时候就放松，然后又慢慢夹紧。使用这种方式的本意是让受刑者既难以忍受又不至于昏死，但江竹筠还是数次昏死过去。特务用水将她泼醒后继续审问她时，她总是说：竹筷子不行，把刀子拿来，你们以为刑具是万能的，我看是无用的。徐远举见江竹筠还不松口，又拿出一条又粗又长的麻绳，将她吊起来。这种刑罚被称为"吊索"，把受刑者的两只手反捆在背上，将两个大拇指捆上，只要将绳子一拉就可以将受刑者吊离地面。最初受刑者虽可脚尖着地，但其脚尖无法承受全身的重量，极为痛苦，受刑者力气再大，几分钟后也得满头大汗。受刑者如还不招供，特务头子喊一声"扯"，特务再次拉动绳索，受刑者便整个身体悬空，全部体重都落到两个大拇指上，一两分钟内便会全身湿透，痛苦难当。但江竹筠一直不承认自己是共产党员，甚至说自己根本就不认识彭咏梧。

整整一个晚上，渣滓洞的难友们听到的都是江竹筠的怒骂声。若骂声过去，一片沉寂，这说明她又昏死过去了，但隔不了多久又会听见江竹筠的声音："你们这些丧尽天良的家伙，请吧，拼一条命给你们整。"在酷刑面前，江竹筠多次昏死过去，国民党特务便用水往她身上泼，把她弄醒，但是江竹筠依然不回答。最后她说："杀我的头可以，要我的命可以，要组织，没有！"直到第二天清晨，特务们才把双手滴着鲜血、双脚溃烂的江竹筠关进牢房。

据后来渣滓洞幸存者回忆，受刑时没有掉过一滴泪的江竹筠，后来在难友姐妹的照顾下，才表现出一个女人的脆弱，哭着狠狠地骂了一句：特务龟儿子真狠毒！江竹筠面对酷刑的坚贞不屈，深深感染了渣滓洞监狱的难友，使难友们备受鼓舞，因此，难友们都亲切地称江竹筠为江姐。

江竹筠是川东党组织的重要人物，因为她既是彭咏梧的妻子，也是手握游击地区党组织大量信息的关键人物。为了彻底摧毁江竹筠所在的党组织，敌人必须从她的口中获得情报，因此在渣滓洞监狱对江竹筠的专门审讯较为频繁。曾在渣滓洞监狱担任看守的黄茂才在重庆解放后回忆，江姐曾受过三次大刑[①]，小刑更是不计其数，经常只能被人扶着行动。

孙重是渣滓洞幸存者之一，他从渣滓洞越狱后，在山上躲藏了三天才侥幸逃生。直到 2020 年 12 月 31 日逝世前，他一直住在歌乐山上。据孙重老人回忆："渣滓洞的男女牢室不在一处，江竹筠具体受过多少刑我不清楚，但我可以肯定她不止一次受过酷刑。有一次，我看到江竹筠走路一瘸

---

① 厉华：《重庆歌乐山军统集中营史实研究与保护利用》，重庆出版社，2001年。

一拐,并且手指红肿,应该是刚受了老虎凳、夹手指之类的酷刑。"①

同样幸存下来的郭德贤老人与江竹筠相识,她也对江竹筠的遭遇印象深刻:"当时,国民党特务对女共产党员的拷打和酷刑十分残忍。女难友中江竹筠、李青林等人都受到过非人待遇。江竹筠受刑罚后,连坐立都困难。"② 据说当时被酷刑折磨的江竹筠十分消瘦,甚至稍不注意连手铐脚镣都会滑落到地上。难友们怕敌人看见后对江竹筠施以更毒辣的刑罚,就帮她将那些镣铐又套回身上。

渣滓洞监狱的审讯室一角

(孙化显摄于重庆渣滓洞监狱旧址)

经历如此多的磨难与痛苦,江竹筠用自己柔弱的身躯誓死保卫了党组织的安全,她顽强斗争的精神让渣滓洞里其他被关押的革命志士钦佩不已。在江竹筠被折磨得奄奄一息时,难友们自发向狱方申请轮流照顾她。在革命同志的照顾下,江竹筠的身体也开始慢慢地恢复,便继续关怀难

---

① 杨彪、张放:《一片丹心向阳开——江竹筠烈士事迹再寻踪》,《雷锋》2015年第1期。
② 杨彪、张放:《一片丹心向阳开——江竹筠烈士事迹再寻踪》,《雷锋》2015年第1期。

友、鼓励难友。郭德贤是彭咏梧的老乡，她在1941年身份暴露后被彭咏梧接到重庆，在彭咏梧牺牲前就已被捕并被关押在歌乐山上，所以并不知道彭已经牺牲了，遇到江竹筠后还向她打听彭咏梧的情况。郭德贤回忆当时的情景："江竹筠告诉我，彭咏梧已经牺牲了。我当时非常难过，她安慰我说：'老彭牺牲了，我们还要继续战斗下去。'她当时语气沉重，但眼神里透出的坚定让我至今难忘。"

江竹筠主动参与领导狱中斗争，成了渣滓洞里的领导者之一。在渣滓洞里，江竹筠一面与特务斗智斗勇，遭遇再多酷刑也绝不投降；一面在监狱里建立党组织并试图与外界取得联系[①]，同时开始积极策划越狱行动。

为限制渣滓洞监狱中革命志士的自由，国民党反动派安排了大量的看守，时时刻刻监视着革命志士们的一举一动。虽然渣滓洞每天都有放风的时间，狱中的难友可以在这个时候走出牢房，在院子里透透气，但也依旧有看守监视着他们，别说越狱，就连大家互相沟通信息的可能性都很小。这些年的工作经验告诉江竹筠，"三勤"中的"勤交友"切忌高高在上，"勤业"要团结的不仅是积极分子还有中间分子。她知道，要想越狱，一个重要的途径就是打通与看守的关系，于是她开始带领女牢房里的狱友们用特殊的方式主动和看守套近乎。因为那些看守都是些没家眷的人，于是在江竹筠的带领下，女牢房的难友们就给他们补袜子、做鞋垫、织毛衣，最终感化了看守们。

据被感化的看守黄茂才回忆，他逐渐觉得这些人很有人性、十分可亲，并不像他们之前所了解的那样。重庆解放后，黄茂才在回忆材料中写道：

  1948年5月份……（上级）叫我到渣滓洞去担任管理员。他（们）很严肃（地）跟我讲："这个监狱不是一般监狱。这些人是杀人放火、无恶不作的家伙。到那里去只有认真负责把他们管理好，不能

[①] 胡平原：《江姐在巴县西南学院引领的学生运动》，《工会信息》2020年第18期。

有一点疏忽。"我到监狱那天，所长李磊、管理组长徐贵林又对我说："这里的在押犯阴险狡猾，是我们针锋相对的敌人。"……他们都是知识分子，非常的文明，绝不像第二处所说的杀人放火之类的，绝不可能的……所以说我非常同情他们，凡是有人来找我，我就有求必应，只要在我的能力范围内，我都答应他们，你说你要出来，解手也好，洗衣服也好，我都同意。①

在感化了黄茂才后，江竹筠开始了又一项危险的行动，她要对黄茂才进行革命教育。有一次江竹筠与黄茂才进行了比较深入的交流，她称其为黄先生，说知道他是一个农民，问他晓不晓得共产党革命的目的是什么。黄茂才说只是为了工作、求碗饭吃。江竹筠明确地指出共产党革命的目的就是要让农民翻身，就是要打倒那些大资产阶级、大地主。

经过那次深谈，慢慢地，黄茂才对革命的态度不像一开始那么强硬了，闲暇之余也会找狱中的同乡聊天。久而久之，黄茂才在放风的时候会有意延长时间，即使看到狱友传递纸条，也会背过身去装作没看见。随着和黄茂才关系的进一步发展，江竹筠和曾紫霞做出了一个大胆的举动：让黄茂才带一封信出去，交给组织。经过慎重考虑，黄茂才最终冒着生命危险将信送了出去，监狱内外的党组织终于又建立起已中断多时的联络通道。以江竹筠为首的女狱友们有序地组织起来，趁着每日放风的时间，帮男狱友传递消息。这之后，"男犯要传递的消息已不需要只给他所认识、信任的某女犯，而只要给女牢的任何一个女犯（当然通知过不与之联系的或新来的女犯除外）就可以了，就是给某一个女犯的委托也不一定由她本人去做，别的女犯照样可以办理"②。在渣滓洞这个焚烧青春的地狱，江竹筠等烈士的信仰不仅未被动摇，他们之间还锻炼出了真金般的同胞之情。

从 1948 年底到 1949 年 1 月，辽沈、淮海、平津三大战役相继胜利，

---

① 厉华：《重庆歌乐山军统集中营史实研究与保护利用》，重庆出版社，2001 年。
② 厉华：《来自白公馆、渣滓洞集中营的报告》，重庆出版社，2003 年。

国民党主力部队全线溃败。1949年1月21日，蒋介石宣布"下野"，这时正临近中国传统节日——春节，渣滓洞的气氛明显不像之前那么紧张了。初一一大早只有黄茂才一人值班，他把牢房门一一打开，小院坝里热闹了起来，狱友们在门上贴春联，互赠自制的贺年片，在放风坝载歌载舞，举行了"春节联欢会"。一个渣滓洞管理员从重庆市区游玩回来，猛地看到这么多人唱歌跳舞，大吃一惊。黄茂才从此在上司心中成了"不稳定分子"。半年后，他被列入了第一批"资遣人员"名单。

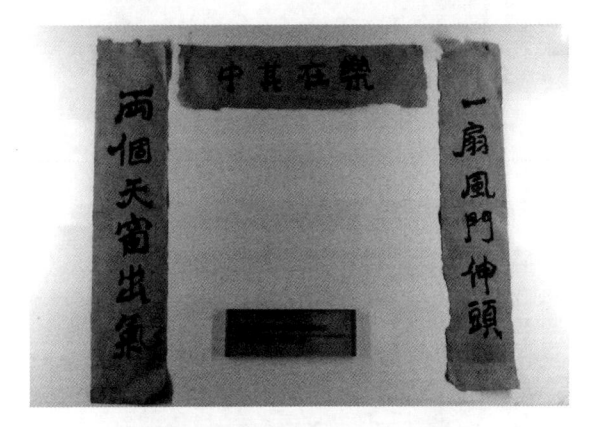

难友们在春节联欢会上贴的春联

（孙化显摄于重庆红岩魂陈列馆）

难友们互赠的自制贺年片

（孙化显摄于重庆红岩魂陈列馆）

此外，江竹筠还与难友们策划了挖地洞越狱的方案。她号召大家在平时将一些铁器藏起来，以便在适宜的时候挖地洞越狱。在监狱围墙因暴雨损坏时，难友们利用修墙的契机在重修围墙的泥土中混入烂棉花，这样就使得围墙不会特别坚固，以便有机会时众人能推倒围墙越狱。

渣洞女牢内难友们试图挖地洞越狱的工具

（孙化显摄于重庆渣滓洞监狱旧址）

江竹筠在渣滓洞经历了非人的虐待，却依然坚强不屈，坚韧地贯彻丹娘精神，并带领女牢里的难友从单个人联结为有机的整体。在江竹筠人生的最后一段时间里，她放不下的是儿子彭云。毕竟，她的一生都光明磊落，无悔青春，唯独年幼的儿子让她无法安心。在 1949 年 8 月的一个深夜，她用竹签子笔蘸着用棉花烧成灰制成的墨汁，在一张草纸上给谭竹安写了一封信，即著名的《狱中致谭竹安书》。谭竹安是彭咏梧的原配妻子谭正伦的弟弟。江竹筠一边写一边流泪，因为这封信算是她临终之前的遗嘱，也是她的绝笔。在这封信里，江竹筠将幺姐和孩子拜托给了谭竹安，并叮嘱其不要溺爱孩子，而是要让其树立远大理想。

这封信的全文如下：

竹安弟：

友人告知我你的近况，我感到非常难受。么（幺）姐及两个孩子给你的负担的确是太重了，尤其是在现在的物价情况下，以你仅有的收入，不知把你拖成甚（什）么个样子。除了伤心而外，就只有恨了……我想你决不会抱怨孩子的爸爸和我吧？苦难的日子快完了。除了这希望的日子快点到来而外，我甚（什）么都不能兑现。安弟！的确太辛苦你了。

我有必胜和必活的信心。自入狱日起（去年6月被捕），我就下了两年坐牢的决心。现在时局变化的情况，年底有出牢的可能。蒋王八的来渝固然不是一件好事，但是不管他若何顽固，现在战事已近川边，这是事实。重庆在（再）强也不可能和平、京、穗相比，因此大方的（地）给它三四月的命运就会完蛋的。我们在牢里也不白坐，我们一直是不断的（地）在学习。希望我俩见面时，你更有惊人的进步。这点我们当然及不上外面的朋友。话又说回来，我们到底还是虎口里的人，生死未定，万一他作破坏到底的孤注一掷，一个炸蛋（弹）两三百人的看守所就完了。这可能我们估计的确很少，但是并不等于没有。假若不幸的话，云儿就送给你了，盼教以踏着父母之足迹，以建设新中国为志，为共产主义革命事业奋（斗）到底。

孩子们决不要骄（娇）养，粗服淡饭足矣。么（幺）姐是否仍在重庆？若在，云儿可以不必送托儿所，可节省一笔费用。你以为如何？就这样吧。愿我们早日见面。握别。愿你们都健康。

竹　姐

8月26日

来友是我很好的朋友，不用怕，盼能坦白相谈。

"幺姐"就是彭咏梧的原配妻子谭正伦。江竹筠在人生最后时刻挂念着谭正伦，谭正伦也在江竹筠牺牲后代她抚养彭云长大成人。这两位坚强的女性没有见过一次面，却在冥冥之中建立了独特的联系。

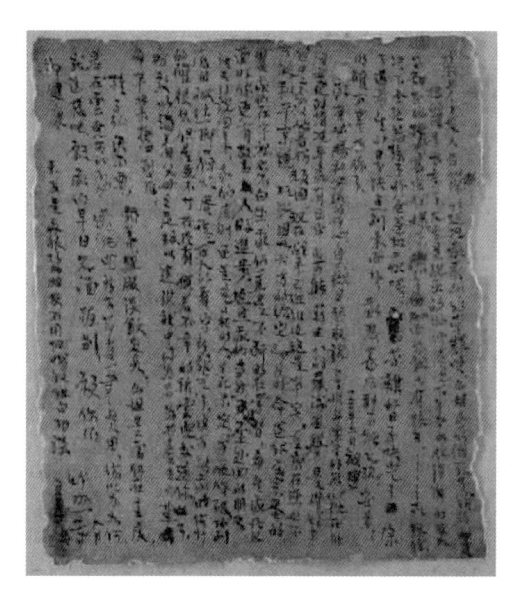

江竹筠托孤遗书

（孙化显摄于重庆红岩魂陈列馆）

重庆解放前夕，蒋介石交代毛人凤主持执行处决、潜伏、游击、破坏四大任务。1949年11月14日，江竹筠等30人被枪杀于电台岚垭，并被毁尸。后来，革命群众和死难者的亲属想要寻找尸体却毫无所获：当他们挖开尸坑时，只见到两个女人的头发和仅一具可以辨认的男尸。后来找来被捕的特务询问，才知道那两个女的是李青林和江竹筠，那男尸则是拐子王敏。1980年，王敏的儿子在一篇纪念父亲的文章中揭开了这个"秘密"：

> 1949年11月14日，这个我们永不能忘的血腥日子，父亲跛着伤残未愈的双腿，与江竹筠等30名共产党人，被残酷杀害于电台岚垭。据当地群众回忆，父亲在特务集体行凶时，侥幸未死，待敌人撤离时，即从行凶的平房跟跄奔出，在平房外的院坝里又被特务发觉，刽

子手们立即回来补枪。重庆解放后,傅伯雍等同志来到此处,只见父亲的尸身弹孔遍体,头盖骨、肩胛骨散在一旁,乌黑的斑斑血滴从院坝一直延伸至阶沿、门槛,情形惨不忍睹。同志们根据殉难者上唇的黑痣、高大魁梧的身材以及残跛的双腿认出了他。父亲在营山跳岩脱逃时伤折了右脚胫,在狱中坐老虎凳又折断了左腿骨,两伤尚未痊愈,又殉难于此。共产党人的意志,在烈火与热血中得到考验。由于敌人行凶后,又剥去烈士衣裤,搜尽财物,然后泼镪水,盖泥土……所以后来收殓时,平房里大坑内烈士们的遗骸已不可分辨,好不容易才从长长的黑头发上,辨别出江竹筠和李青林二位女同志,因此电台岚垭殉难的30位烈士中,能在棺木上写上烈士姓名的仅父亲和江、李三人。①

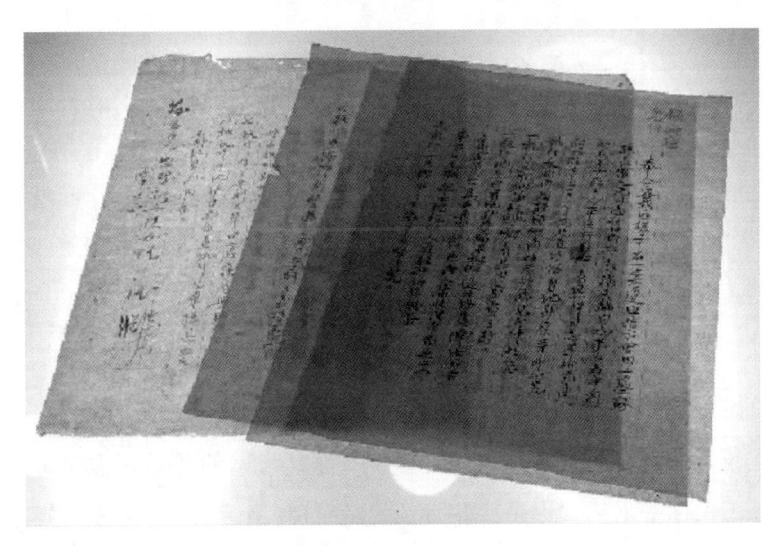

特务杀害江竹筠等人的计划书

(孙化显摄于重庆红岩魂陈列馆)

---

① 何建明:《最后的诗赋——红岩革命烈士牺牲现场纪实》,中国作家网,http://www.chinawriter.com.cn/bk/2011-06-15/53998.html,访问日期:2021年5月10日。

一片丹心向阳开 渣滓洞集中营的川大英烈

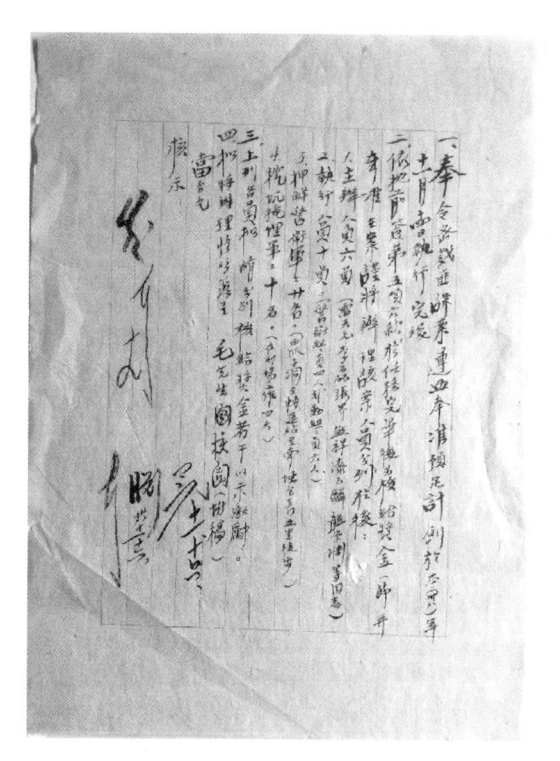

特务杀害江竹筠等人的请赏书

（孙化显摄于重庆红岩魂陈列馆）

尾　声

电影中的江姐，歌剧中的江姐，教科书中的江姐，还有小说《红岩》中的江姐，江姐在中国可谓家喻户晓。"你是丹娘的化身，你是苏菲亚的精灵，不，你就是你，你是中华儿女革命的典型。"这是同被关押在重庆渣滓洞监狱的何雪松献给江竹筠的短诗《灵魂颂》，也是全体渣滓洞狱友对江姐的歌颂。

江姐并没有被忘记，围绕她而创作出的影视文艺作品已有许多。但是，人们对江姐悲壮的结局却总是表达出不忍和惋惜。毛泽东同志看完空政文工团排演的歌剧《江姐》后说:"要是让江姐看到胜利和解放就好了!"① 小说《红岩》和电影《烈火中永生》为了弥补遗憾,特意设计了一出游击队打进渣滓洞营救难友的情节。

今天,四川大学在江姐曾居住的国立四川大学女生院旧址上修建了江姐纪念馆。小小一座院落,青瓦灰墙,红门朝向不远处的文理图书馆,诉说着这几十年的风雨兼程……

位于四川大学望江校区的江姐纪念馆

(孙化显摄于四川大学望江校区)

---

① 厉华:《重庆歌乐山军统集中营史实研究与保护利用》,重庆出版社,2001年。

位于四川大学江姐纪念馆内的江竹筠烈士像

(孙化显摄于四川大学江姐纪念馆)

马秀英传

马秀英烈士（1923—1949）

　　马秀英，四川忠县（今属重庆）人，1943年考入国立四川大学经济系后开始参加革命，1949年11月27日牺牲于重庆渣滓洞监狱。她的一生短暂而辉煌，她的经历是那个时代的进步学子成长为革命勇士的缩影，其中既有动荡时代女子求学的不易与艰辛，更有家国危难时刻血气儿女挺身而出的奋不顾身。在那风雨交加的时代，在为了真理殊死搏斗的川大青年人里，出现了马秀英这样一个用有限的生命书写永恒的女子。

川大的孕育：一个女学生到革命者的蜕变

　　马秀英原本性格偏安静，但为了参加革命活动，她在川大读书期间表现积极。

马秀英在国立四川大学的入学登记表

（图片来自四川大学校史馆）

可以说，正是川大给予马秀英的教育和精神营养帮助她在时代洪流中找到了自己的位置。《忠县志》记载：

> 民国三十二年（1943年），（马秀英）考入国立四川大学经济系。在校期间，她积极参加爱国学生运动。民国三十四年（1945年），"五四"运动26周年前夕，中共川康特委指示开展各种纪念活动。马秀英参加了川大校内的纪念活动和成都市各大学105个社团在华西坝广场联合举办的盛大篝火晚会与火炬游行。是年12月初，她参加成都市各大中学校学生援助昆明学生反内战惨案后援会举行的追悼大会。后又参加川大反击特务学生造谣陷害进步教授事件的斗争。12月11日，国民党特务毒打并逮捕川大进步学生、民盟成员李实育。马秀英和川大同学一道带着鲜花、慰问信去医院探望李实育。民国三十五年（1946年）6月，成都各大中学校的学生在党组织领导下开展了"争温饱、争生存"的斗争，党要求各大中学校兴办学生伙食团，马秀英

被推选为女生伙食团团长,并加入川大"女声社""海星歌唱团""自由读书会""民主青年协会"。民国三十五年秋,中共川康特委副书记马识途创办《XNEQ》秘密小报,转载延安消息。马秀英参与联络、油印、传递等工作。民国三十六年(1947年)7月,马秀英在川大毕业,任广汉女子中学训育主任。①

马秀英(后右三)、李惠明(后右一)等与川大自由读书会成员的合影

(图片来自四川大学校史馆)

马秀英、李惠明、何懋金与川大黎明歌唱团成员的合影

(图片来自四川大学校史馆)

---

① 《忠县志》编纂委员会编《忠县志》,四川辞书出版社,1994年。

可以发现，马秀英在川大的成长轨迹大致可以分为三条。其一是积极参加学校的进步社团，其二是勇敢介入当时各种学生运动，其三是不畏事艰也不嫌事小地从小事做起。

马秀英在川大参加的进步社团主要有女声社、自由读书会、海星歌唱团、黎明歌唱团和民主青年协会。女声社是川大女生院的第一个进步学术团体①，其出版的壁报《女声》由黄立群（徐舟）组织，首届负责人为黄立群、李惠明，成员有江竹筠。《女声》志在宣传进步思想、提倡妇女解放。马秀英是女声社的中坚人物，在女同学中很有影响力。她积极参加了女声社组织的全校学生运动，这其中就包括为女同学谋取切身利益的"争温饱、争生存"斗争。此外，马秀英还被推选为女生伙食团团长②，深受大家信任。

自由读书会是女声社的姊妹团体，与女声社同样是在1945年前后成立的进步社团，是王琴舫为了在女生院扩大联系面而建立的以阅读革命书籍和讨论学术为主的读书会，会员有陈璧云、冉正芬、陈为珍、李孝碧、马秀英、蒋智坤、范连芬等。③

马秀英不仅参加了女子社团，还加入了歌唱团，让民主歌曲传遍成都，为歌唱团写下永存的历史。她参加的海星歌唱团成立于1946年6月15日，是"在中共中央南方局青年运动组织的领导下，为悼念人民音乐家冼星海同志正式建立。取名'海星'而不用'星海'是为了适应当时'国统区'斗争形势的需要，是国内历史最悠久的合唱团"④。当时歌唱团成员都是各行业的进步青年职工和青年学生，"在1947年2月于新新新闻大楼举行的助学义演晚会、声援小学教师罢教等活动中，都有活跃的'海星'的歌声。他们编印了《海星歌选》《民主大合唱》歌集。负责印刷歌集的

---

① 王晶垚：《成都"民协"的建立及其活动》，《天府新论》1982年第3期。
② 《忠县志》编纂委员会编《忠县志》，四川辞书出版社，1994年。
③ 四川大学校史编写组《四川大学史稿》，四川大学出版社，1985年。
④ 刘文晋：《从黑夜到天明》，《四川音乐》1981年第7期。

是非常热心支持他们活动（的）当时陕西街的志林印刷厂，又（还）印刷了《黎明歌唱集》"①。

同时，马秀英还是黎明歌唱团的中坚成员。黎明歌唱团于1946年4月由何懋金、陈为珍、胡文熹发起创立。这是为了推广秧歌、陕北民歌和各种进步歌曲，用音乐，特别是歌咏活动形式团结青年而成立的。② 在马秀英等进步学生的带领下，该团人数在1948年发展到80多人。1947年元宵节时，马秀英与"冉正芬、李惠明等一起，参加了与其他进步团体在太平街举办的联欢会。在这次会上，他们首次以秧歌舞剧形式演出了《新年大合唱》等节目，在成都各界群众中影响很大"③。这次在太平街中艺剧场的演出之所以能大获成功、轰动成都，与马秀英对革命的热情和真诚息息相关。她"平素好静，对抛头露面的事尤其不习惯，但她这次却欣然参加。在排练中，无论是练习歌词还是秧歌步伐，她都特别认真、努力"④。

无论是女声社、自由读书会，还是海星歌唱团和黎明歌唱团，它们背后都有民主青年协会的影子。民主青年协会成立于抗日战争后期，是中国共产党的外围组织，更是成都学生运动与青年运动的核心力量，"随着形势的变化，先后使用的名称有'成都民主青年协会''中国青年民主抗日协会'和'中国青年民主协会'，后来又恢复'成都民主青年协会'的原名，一直简称为'民协'"⑤，英文字母代号为MS。民协的主要阵地和中坚力量是国立四川大学，宗旨是团结学校青年，以秘密组织为安全准则，主张先培养核心干部，借助学校学生社团发展校干事会干事，这些社团包括

---

① 成都市文化局编《成都新文化文史论稿 第1辑》，1993年。
② 四川大学校史编写组《四川大学史稿》，四川大学出版社，1985年。
③ 党跃武、陈光复主编《川大记忆——校史文献选辑（第4辑）》，四川大学出版社，2011年。
④ 重庆现代革命史资料丛书编委会编《英烈颂》，重庆出版社，1982年。
⑤ 王晶垚：《成都"民协"的建立及其活动》，《天府新论》1982年第3期。

时事研导社、文学笔会、女声社、自由读书会、文艺研究会和五月文艺社。① 马秀英在参加了自由读书会后不久，就被民主青年协会吸纳为成员。但马秀英与民主青年协会的关系远不止于此。民主青年协会真正发展起来的重要原因是马识途的到来。马识途是马秀英的堂兄。1946 年秋，"奉南方局派遣到成都（马识途到成都之前，南方局曾安排已到重庆的李先生向马介绍成都的情况）联系建立中共成都市工委以后，川大才恢复党的基层组织，直接受马识途领导，并设专门的党支部负责领导民协。从此，民协的组织，随着形势的发展而有较大的发展"②。在马识途领导川大学生工作期间，马秀英也更多地参与到了川大的各项学生运动中。

马秀英在川大读书期间参加的学生运动，主要有校内和校外两种。校内活动既包括她在入学后，为了响应党组织"争温饱、争生存"的斗争而承担的国立四川大学女生院伙食团团长的工作，也包括她和其他进步学生一起参与的各项校内活动。"在追悼昆明'一二·一'死难烈士的活动中，在揭露敌人制造谣言陷害进步教授李相符、陶大镛、彭迪先的'三教授事件'中，马秀英都冲锋在前。1945 年 12 月 11 日，敌人造谣惑众，栽赃陷害进步学生李实育，并在逮捕时将李打成重伤。马秀英和许多进步学生一道，抱着鲜花，去医院探望他。"③ 1946 年，"北平发生了轰动全国的美军强奸北大预科学生沈崇事件。消息传来，马秀英立即和冉正芬、李惠明等同学发动全体女生，以女生院的名义发表抗暴声明，发出了'谁无姐妹，谁无感情，是可忍，孰不可忍'的呐喊。次年元月 5 日，市内各校师生代表聚集于国立四川大学，举行抗暴大会，马秀英等人带头高呼'反对美军

---

① 中国人民政治协商会议四川省成都市委员会文史资料研究委员会编《成都文史资料选辑（第 6 辑）》，1984 年。
② 中国人民政治协商会议四川省成都市委员会文史资料研究委员会编《成都文史资料选辑（第 6 辑）》，1984 年。
③ 党跃武、陈光复主编《川大记忆——校史文献选辑（第 4 辑）》，四川大学出版社，2011 年。

暴行''维护民族尊严'和'打倒美帝国主义'的口号"①。

此外，作为经济系学生的马秀英还不忘发挥自己所学，在1946年11月和同学一起"积极投入到揭露与批判'中美商约'的斗争。在班级和经济系分别召开的'中美商约座谈会'上，她慷慨陈词，揭露商约的实质和危害，痛斥这一新的'二十一条'"②。

马秀英也踊跃参加校外进步社团的活动。在华西坝1945年为庆祝五四运动26周年举行的篝火晚会和火炬游行中，"她十分激动地说：'太受教育，太受鼓舞了，我们年轻人的决心和力量是怎么也阻挡不住的，革命的火焰会冲破黑暗，我永远和大家战斗在一起！'她还取了一个寓意很深的笔名——马岫，决心像山峦一样坚定、稳重，而自己则虚怀若谷"③。

除了参加风起云涌的学生运动和社团活动，马秀英也从琐碎小事做起，坚信吃穿住行都是修行。除了上文提到的"争温饱、争生存"斗争，在马识途从云南回川大后，马秀英也积极协助他和王琴舫的工作。当时马识途任中共川康特委副书记。马识途与王琴舫结为夫妻后，住进柿子巷，为了转载延安消息，以更好发动群众，二人共同办了一份名为《XNEQ》的秘密小报。马秀英就负责其中的联络和油印、传递报纸等工作④。

总之，马秀英在川大学习期间，政治思想日趋成熟，革命意志也更加坚定。她的成长轨迹和历练过程也充分显露了当时川大学生运动的特点：其一是用革命书籍和报刊启迪年轻学生思想进步；其二是动员社会进步力量与青年学生沟通，并引导他们找到党组织；其三是根据不同学生的觉悟程度、爱好和兴趣组织社团，广泛吸收活跃分子。这些社团类型丰富，

---

① 党跃武、陈光复主编《川大记忆——校史文献选辑（第4辑）》，四川大学出版社，2011年。

② 党跃武、陈光复主编《川大记忆——校史文献选辑（第4辑）》，四川大学出版社，2011年。

③ 党跃武、陈光复主编《川大记忆——校史文献选辑（第4辑）》，四川大学出版社，2011年。

④ 王浩：《牺牲在军统重庆集中营的红色夫妻》，《红岩春秋》2018年第3期。

"从政治性的时事研究到文艺性的文艺研究和话剧、歌咏以及同乡会、同学会、团契等，都让它们充分发挥作用"①。

革命背后的真情：动荡时代个体的悲欢离合

马秀英在1923年出生于四川忠县（今属重庆）石宝寨石宝乡平山坝一个破产富农家庭。据《忠县志》记载，马秀英"9岁时丧父，随母、姐在堂叔马玉芝家寄养成人。幼时就读于印山小学，而后考入忠县县立中学女生部，15岁入成都树德中学，民国三十二年（1943），考入四川大学经济系"②。

马秀英在私立树德中学的毕业证书

（图片来自四川大学校史馆）

---

① 共青团中央青运史研究室、团上海市委青运史研究室、中共上海市委党史办编《解放战争时期学生运动论文集》，同济大学出版社，1988年。

② 《忠县志》编纂委员会编《忠县志》，四川辞书出版社，1994年。

这短短两行字所陈述的，是一代女杰思想启蒙和自我觉醒的关键时期。其中，家人的爱与支持是马秀英突破时代束缚的关键因素。在马秀英考上国立四川大学前，与她相依为命的母亲用尽办法送她上了小学①。1935年，12岁的马秀英在小学毕业后来到省会成都，在西门柿子巷的堂叔家借住。在堂叔的资助下，她进入成都名校树德中学学习。树德中学严谨笃行的治学治校之风养成了马秀英沉静而好思索的性格。受几位思想活跃、常常争辩时事的堂兄影响，加上受当时进步思想的启蒙，她在勤奋学习之余，常常主动去书店寻找含有新思想的书刊来阅读。"她家附近的祠堂街，那时是成都各种书店较为集中的地方。每到放学回家路过那里，她总要去看看，流连忘返。那些内容丰富、新颖的书刊使她着了迷。每逢节假日，她更是常常去。"②

县志里没有提到的是，马秀英在进入川大前就受堂兄马识途影响颇多。1939年，已经是中共党员的马识途考入国立四川大学，他在上课之余常向马秀英等家中弟妹讲解时事、宣传革命理论，并召集了许多进步青年在家中议论时政。尽管马识途在1941年前往昆明西南联大学习和工作，马秀英也经常能收到堂兄为他们寄回的进步刊物。可以说，马秀英的革命生活虽然是进入川大后才正式开始的，但其实早在进入川大前，革命的种子已经在她的心中生根发芽。

走出川大后，马秀英走上了斗争的前线，先后在广汉女中、重庆志达中学和温江女中任教。③ 最初，马秀英经人介绍，在广汉女中担任训育主任。在半年工作时间里，她积极参加成都各大中学校的学生运动。例如，1947年11月，成都发生了"官箴予事件"（官箴予是省参政员，又名"官大炮"，他因为不满当时的四川省主席邓锡侯，在参议会上向邓放了一炮，

---

① 重庆现代革命史资料丛书编委会编《英烈颂》，重庆出版社，1982年。
② 重庆现代革命史资料丛书编委会编《英烈颂》，重庆出版社，1982年。
③ 罗中枢：《四川大学：历史·精神·使命》，四川大学出版社，2009年。

被特务关押)①，当时成都各大中学校的学生为了抗议这次无理由关押，也为了讽刺和揭露国民党"假民主、真独裁"的反动面目，开展了抗议、游行、静坐和示威等一系列活动。马秀英闻讯后不仅从广汉赶回成都与学生一起高喊口号②，还为了"慰问和鼓励学生，特地为同学们带来了广汉名特产'缠丝兔'，礼小情却深极，大家都很受感动"③。马秀英此时的身份已经从学生转换为老师，和同学建立了深厚的师生情谊。

在广汉女中工作了半年后，马秀英在1948年春到重庆江北复兴场志达中学任文史教员。这所学校是地下党员王朴为了掩护自己的地下活动而开办的。马秀英就是在这里认识了自己未来的丈夫齐亮。齐亮曾任西南联大学生会主席，是马秀英堂兄马识途的同窗好友，也是著名的学生领袖，与闻一多和马识途等人组织了多次抗日反蒋的活动④。马秀英在志达中学任教期间，与齐亮建立了密切的联系。一方面，齐亮通过马秀英与四川大学学生联系，指导学运工作，例如"组织四川大学的一些同学进行郊游，一起游玩、唱歌，唱《兄妹开荒》《古怪歌》等进步歌曲。同学们还请他介绍西南联大学生运动的情况和经验。他还引导川大进步同学要克服'小圈子主义'，要认真按照'三勤'的精神，扎扎实实做好团结大多数中间同学的工作"⑤。另一方面，马秀英在齐亮手下从事地下工作，学习他的才干和学识，并经齐亮和校长王朴的介绍，加入了中国共产党。就这样，两个同样愿意为革命和共产主义献身的有志青年在追求真理的道路上相遇，建立了感情。

---

① 重庆现代革命史资料丛书编委会编《英烈颂》，重庆出版社，1982年。
② 重庆现代革命史资料丛书编委会编《英烈颂》，重庆出版社，1982年。
③ 党跃武、陈光复主编《川大记忆——校史文献选辑（第4辑）》，四川大学出版社，2011年。
④ 何建明：《最后的诗赋——红岩革命烈士牺牲现场纪实》，载人民文学出版社编辑部编《2011报告文学》，人民文学出版社，2012年。
⑤ 清华大学校史研究室编《清华英烈》，清华大学出版社，1994年。

马秀英原本准备和齐亮一起前往重庆大学开展学生工作[1]，不料1948年4月，中共重庆市工委书记刘国定被捕后叛变，招供了大批地下组织情况，波及川西、上海、南京等地，志达中学校长王朴因此被捕。在组织的安排和马识途的帮助下，马秀英和齐亮转移到成都温江女中执教。温江女中是"川西地下党的据点之一，校长王仲雄和不少教员都是党员，齐亮任训育主任，马秀英任教导主任，他们在校内隐蔽待命"[2]。不料，"特委书记（冉益智）被捕后也叛变了，竟把齐亮和马秀英隐蔽在温江的情况供了出来。这时正值春节，齐亮与马秀英准备结婚，回到了成都，特务赶到温江中学去抓他们，扑了个空。他们结婚后，住在东城根街西二巷。马千禾（马识途）准备把他们转移到川北去，临走前一天，他们到春熙路买东西，在国货公司门口，恰巧遇到了叛徒刘国定和一群特务，齐亮被叛徒认出并逮捕"[3]。"敌人又进入马秀英住处抓她。恰巧同学冉正芬有事来访，为掩护战友，马秀英装作不认识冉的样子，暗使眼色，示意冉赶快离去。在房东太太帮助下，冉正芬脱离了险境"[4]，而马秀英在婚后第三天被捕[5]。在1949年1月前后，齐亮和马秀英被送往重庆渣滓洞监狱。

即使在狱中，马秀英也从未妥协。《忠县志》中记载："在渣滓洞时，马秀英与江竹筠、杨汉秀、邓惠中等同室。齐亮被关在楼上，他们只能在放风时见面，互相鼓励。"[6] 在暗无天日的监狱生活和残酷的刑罚面前，马秀英和女难友们互相鼓舞。1949年春节，马秀英和杨汉秀用扭秧歌庆祝解放军在解放战场的胜利。[7] 不仅如此，马秀英响应江竹筠"加强学习，迎

---

[1] 清华大学校史研究室编《清华英烈》，清华大学出版社，1994年。
[2] 王浩：《牺牲在军统重庆集中营的红色夫妻》，《红岩春秋》2018年第3期。
[3] 清华大学校史研究室编《清华英烈》，清华大学出版社，1994年。
[4] 党跃武、陈光复主编《川大记忆——校史文献选辑（第4辑）》，四川大学出版社，2011年。
[5] 四川大学校史编写组编《四川大学史稿》，四川大学出版社，1985年。
[6] 《忠县志》编纂委员会编《忠县志》，四川辞书出版社，1994年。
[7] 党跃武、陈光复主编《川大记忆——校史文献选辑（第4辑）》，四川大学出版社，2011年。

接胜利"的口号,身在监狱,心怀未来,不落下任何一个学习的机会,只为以后能够继续在革命的道路上贡献自己的力量。与此同时,她也没有忘记在川大经济学系学到的知识,时常给周围的同志讲解政治经济学和社会学原理。

1949年11月14日,齐亮与江竹筠等人被枪杀于电台岚垭。1949年11月27日,马秀英在重庆渣滓洞大屠杀中壮烈牺牲。他们用自己的鲜血驱散了黎明前最后的黑暗。从乡下孤女到革命青年,川大是马秀英理想和信念的摇篮,亲情、友情和爱情是支持她一往无前的动力。有理想的人,不怕孤独。前行的路上,总会有同路人。

渣滓洞女牢,马秀英曾被关押于此

(孙化显摄于重庆渣滓洞监狱旧址)

马秀英的精神和事迹不会被后人遗忘。在刚刚过去的2020年,就有一部新的话剧上演,讲述的正是马秀英夫妇的革命故事。①

---

① 顾平:《齐亮马秀英:〈红岩〉没有讲到的故事》,魅力成都网,http://www.meilicdw.com/c/2020-09-21/1258999.shtml,访问日期:2021年5月23日。

以马秀英夫妇为题材的话剧海报

（图片来自魅力成都网）

李惠明传

李惠明烈士（1919—1949）[1]

李惠明，曾用名李慧明，1943—1947年在国立四川大学文学院史地系就读。1949年11月27日英勇就义于重庆渣滓洞，年仅29岁。李惠明烈士用短暂的一生演绎了一个不平凡的故事。在她的故事里，我们可以看到那段风起云涌的岁月，也可以感受到中国共产党人的崇高气节和英雄气概。

幼年之志

1919年，李惠明出生于四川大邑县的一个普通农家。因为童年生活十分困苦，小小年纪的李惠明就知道为家里分忧解难，常常洗衣做饭、挑水

---

[1] 关于李惠明的出生时间，不同资料说法不一。据四川大学入学登记表记载，李惠明生于民国十年，即公元1921年。但因该说并不多见，本书仍采用主流说法，即1919年。后文张国维传、蒋开萍传也有此类情况，不再说明。

打柴，帮助家里减轻负担。谁也没想到，这个普通的女孩后来会为大邑县革命事业输送人才，为充实大邑农村武装力量做出卓越贡献，最终成为家乡的骄傲。

当时，中国正处于一个社会混乱、动荡不安的年代，百姓生活在水深火热之中。李惠明耳闻目睹了社会的黑暗，心里很不平静，她决意要寻求真理。

1936年，聪明伶俐、勤奋好学的李惠明以优异成绩考入位于成都的四川省立女子师范学校。在这里，她接触了十月革命、五四运动的知识，了解到中国共产党和红军长征的故事，并在学校党支部的引导下阅读了《共产党宣言》等马列著作，《大声》周刊等进步书刊。接触马列主义思想之后，她逐渐认识到中国之所以贫穷、落后，其根源就在于帝国主义、封建主义和官僚资本主义的勾结与压迫，要拯救中国，就必须推翻"三座大山"的统治，而革命青年要跟工农一起，投入到火热的群众斗争中去。她的眼界变得开阔，在黑暗中看到了光明，对共产主义满怀憧憬，开始重新选择人生之路。

1937年"七七事变"以后，中国共产党领导的抗日民族统一战线得到了全国人民的拥护，中国共产党的革命思想和爱国举动吸引了千百万爱国青年，各种各样的爱国活动层出不穷，李惠明作为千百万爱国青年的一分子，也贡献着自己力量。1938年夏，李惠明在学校积极组织读书会，参加抗战活动、时事讨论会，宣传党的纲领与主张，激发学生的革命热情。由于她的突出表现，她在20岁之前便正式加入了中国共产党，成为一名卓越的革命者。在当时，虽然她的革命生涯还比较短暂，但她早已因为勇于斗争、善于斗争而声名远播。

在绿色邮衣之下

1939年，李惠明以优异成绩从四川省立女子师范学校毕业后，顺利进入川西邮政总局工作。1940年至1942年间,她利用收发挂号信和邮件之便,冒着生命危险,亲自为新华书店等进步出版机构收发了一批党的文件和革命书刊,其中有《中国共产党章程》《关于修改党章的报告》《农村工作条例》等,以此宣传党的抗日主张,传播党的思想。

1940年春,在成都"抢米事件"中,《时事新刊》被国民党顽固派查封。李惠明为了宣传抗日主张,冒着生命危险,坚持革命,并于1942年同周鼎文、姚雪崖等人创办了莽原出版社。有一次,李惠明的进步事业差点被断送,幸亏她机智应对才顺利化险为夷。原来,莽原出版社寄来的一批面上贴着"三民主义"等标签的进步书刊被李惠明的上司发现,而当时李惠明正欲寄发这批书刊。上司看到书的内容后大为诧异,怀疑李惠明是共产党员,马上对她严加责问。李惠明以退为进,马上向领导示弱,表明立场,主动承认错误,机智回答:"我以为是《三民主义》,不晓得里面还有假,是我工作不仔细,下次一定注意,请领导责罚。"上司看到李惠明态度端正,又是一介女流,再加上没有查到其他线索,就只好打消了怀疑的念头,不了了之。经过这次教训,李惠明在之后的工作中更加谨慎,投递方式更加隐秘,继续坚持着她的革命事业。

学运骨干

在主持各项进步的革命活动的同时,李惠明也不忘努力学习。她深知,只有不断学习,才能更好地领悟党的精神、吸收党的精髓,从而指导自己的革命活动。因此,她决定报考国立四川大学。为了顺利考上,她凭借着共产党人的坚强意志,在一间又小又窄的宿舍里夜以继日地攻读,在两个月的时间里补习完高中三年的全部功课,最终于1943年秋顺利考入国立四川大学文学院史地系,在校用名李慧明。

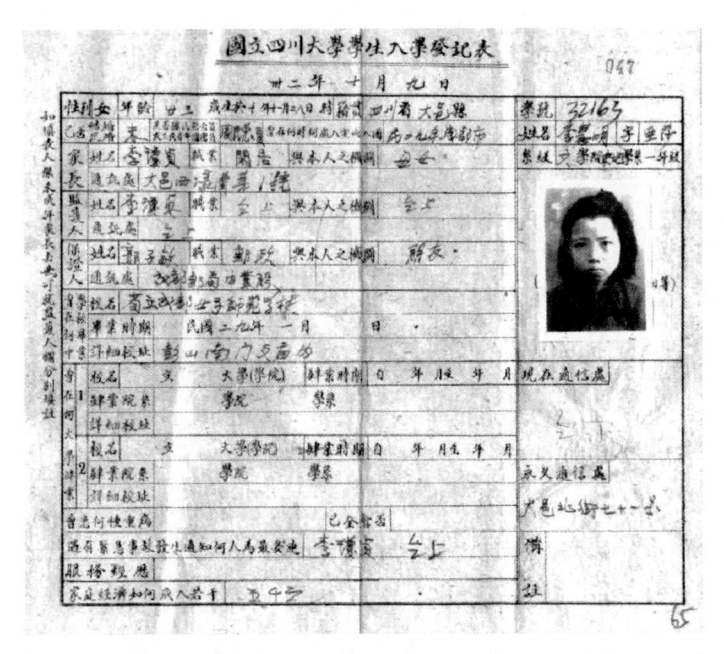

李惠明（李慧明）的国立四川大学学生入学登记表

（图片来自四川大学校史馆）

1951年12月四川大学为李惠明（李慧明）补发的毕业证书

（图片来自四川大学校史馆）

在国立四川大学学习生活的四年间，李惠明受益匪浅。她广泛阅读了《中学生》《生活》《大众生活》等书刊，积极参加川大学生读书会，结识了一批进步青年，并经常和他们在一起探讨如何团结抗日、如何争取中国革命胜利等问题。她的好学、真诚、朴实、谦和感染着身边的同学，由此她成为当时四川大学学生运动的骨干分子之一。

1944年，李惠明等发起成立了进步社团女声社。该社团汇聚了一批中间同学，他们创办图书馆，阅读进步书刊，讨论时事，传播革命思想，并利用议论文、散文、小说、诗歌等描写劳动人民的痛苦生活，鞭挞反动腐朽的国民党集团，配合当时的学生运动，使得一大批有志青年向党靠拢。李惠明沉着老练，不仅组织女声社的社团活动，还协调各个进步团体，打破院系和性别的界限。例如，她还参加朝阳学术研究社等进步学生社团的工作，精心支持进步同学当选学生会理事长，为革命培养后备力量。中间力量、进步同学的队伍在她的循循善诱下日益成熟壮大起来，李惠明也成了进步同学队伍的主心骨。

1944年10月，成都发生了武装警察暴力镇压学生的"市中事件"。当时成都市立中学（简称"市中"）高年级与其他年级学生发生内部纠纷，而学校当局处理不当，引起学生对校方的严重不满，市中校长康定夏报告市长余中英，要求当局干预。10月31日，数百名武装警察把市中包围起来，并用事先准备好的武器毒打手无寸铁的学生，使30多人受伤，并逮捕和囚禁了40多名学生。事件发生后，久积在成都人民胸中的怒火，像火山一样爆发出来了。11月6日，成都各校成立"全市大中学生声援市中学生后援会"，支持市中学生的斗争。刚刚建立不久的党的外围组织民协及时领导了这场斗争。在民协的领导下，成都大中学校于11月11日举行了"抗议警察暴行大会"。李惠明和女声社的同学们积极参加了这次大会。她们聚集在华西坝，讨论如何声援市中同学、抗议警察暴行等问题。会后，学生涌进四川省政府请愿，提出惩办凶手、赔偿损失、医治受伤同学、保障学生人身安全等四项要求。最终国民党当局迫于压力释放了被捕学生，时任成都市市长余中英、警察局局长方超也引咎辞职。

1945年初，李惠明由王琴舫介绍，加入民协并担任组长。接着，她又由张澜女儿张茂延介绍加入中国民主同盟。

1945年11月，国民党背信弃义，向解放区发动进攻，党中央号召："全国人民动员起来，用一切方法制止内战。"当时在有"民主堡垒"之称的昆明，在中国共产党地下组织的领导下，进步学生决定积极进行争取和平、民主的爱国运动。11月25日晚，西南联合大学（简称"西南联大"）、云南大学、中法大学、英语专科学校四所大学的学生自治会联合召开时事讲演会，在大会进行期间，驻防昆明的国民党军队包围了联大校园，鸣枪放炮，企图威胁群众、扰乱会场。参会人员群情激昂，在枪炮声中坚持照常召开会议。愤怒的人们万众一心，用口号声压倒了枪炮声。为抗议军警暴行，联大等18所大中学校学生于26日相继宣布罢课，要求当局追究军警对参会人员开枪的责任，要求其公开道歉，并保证不会再有类似事件发生。云南当局命令各校28日复课，声称如不遵令，即"采用武力压制，不惜流血"。12月1日，一大批军警特务闯入云南大学、中法大学、西南联大等处，捣毁教具，劫掠财物，殴打师生，致使4人被杀害，多人受伤，这就是震惊中外的"一二·一"惨案。

昆明发生"一二·一"惨案的消息传到国立四川大学后，李惠明和同学们激愤难抑，表示要坚决声援昆明学生。在党组织领导下，国立四川大学成立了"一二·一"惨案后援会。在这个过程中，李惠明起着不可忽视的作用，她一方面和朝阳学术研究社社友赶编壁报，揭露国民党在昆明的暴行，另一方面发动女声社同学参加活动，声援昆明学生。12月6日，在国立四川大学图书馆的三楼书库召开了悼念昆明死难烈士大会，祭奠死难者。当日晚，由国立四川大学代表提议，成立了成都市各大中学援助昆明学生反内战联合会，准备为昆明死难烈士举行规模更大的追悼会。9日，成都市大中学生五千多人参加了在华西坝召开的追悼大会，会上发出通电声援，会后举行了游行示威。

一片丹心向阳开 渣滓洞集中营的川大英烈

1946年7月,李公朴、闻一多两位先生在昆明先后被国民党反动派残忍杀害,这一消息一经传出,举国震惊,唁电、悼文雪片般飞向昆明,到达两位先生的遗属和民盟云南支部的手中。全国各地以不同方式纪念两位先生,声讨蒋介石政权的法西斯罪行。全国各界人士组成了李、闻血案后援会,要求追查凶手、抚恤遗属。成都市各界人士前后数千人到灵堂吊唁,并在蓉光电影院举行追悼会,抗议反动派的暴行。川大女声社成员在追悼会召开期间印发传单、张贴壁报,揭露反动派暴行。散会之际,特务将当时的民盟主席张澜殴打致伤。国立四川大学学生保护张澜退出了会场,回到家中。得知这一消息,李惠明立刻邀约部分同学赶到张澜处探望安慰。李惠明回到宿舍后,心中激愤难平,决心做点什么以告慰两位先烈,因此她利用自己在学生中的影响力,以李、闻案血淋淋的事实,发动社团组织成员在群众中大力宣传两位先生为民主而奋斗,不屈不挠、可敬可佩的光辉事迹,同时声讨蒋介石政权的罪行,使人们进一步看清了国民党反动派的真面目。

作为学校历次大规模学生运动的积极参与者、发起人和组织者,李惠明自然而然地受到特务的"关注"。反动分子经常对她和她领导的女声社寻衅叫骂,威胁恐吓,制造纠纷。对这一切,李惠明视若无睹,泰然处之,并与女声社的成员一起学习、生活,鼓励大家不畏强权。李惠明告诉大家:反动派都是纸老虎,最坏的情况就是破坏我们的社团组织,制造一些混乱,可是他们瓦解不了我们的信仰。在李惠明的鼓励下,女声社成员们在战略上无视反动分子的存在,使敌人想要从心理上摧毁她们的诡计一次又一次破灭。李惠明无怨无悔地做着她想做的事情,为革命事业不断努力,因为她坚信,所有渴望自由的人会有一天获得解放。她对党的忠诚、对革命的坚定,给大家留下了深刻的印象。

积极发展家乡进步力量

李惠明在国立四川大学积极参加学生运动的同时，也很注意发展家乡大邑县的进步力量。在校内，她团结同学中的大邑同乡，带领徐达人、白开茂等人走上革命道路，影响了无数大邑人，壮大了大邑县坚强的革命力量。在家乡，她与从事革命活动的周鼎文、肖汝霖早有联系。

1945年暑假，李惠明联络了一批返乡大中学生在大邑举办暑假补习班，帮助青少年提高科学文化水平。她不畏天气炎热，勇于承担重任，埋头编印辅导材料，办墙报，还深入大邑农村做社会调查，团结教育知识青年，表现出了出色的工作能力。1946年冬，她又把由她介绍加入民盟的徐达人等人的关系转到大邑县民盟分部，让他们到肖汝霖处活动。第二年春，李惠明与肖汝霖请徐达人等在当地组织学会，出版《邮江导报》，进一步团结青年进行革命宣传和斗争。例如，1945年8月，日本宣布无条件投降后，国共两党对受降问题斗争十分尖锐，徐达人等及时将《新华日报》与《中央日报》的有关言论剪辑下来，对照编排，出刊专号，张贴在场镇上，帮助群众弄清是非。

1947年，李惠明征得组织同意后，准备回大邑女中任校长，一面开展乡村中学教育，一面建立据点接纳、联系革命青年、同志，传递进步书刊，支持山区武装斗争。但当时大邑县反动势力、民社党头子杨文彬等把李惠明等革命青年视为眼中钉，千方百计控制女中，提出女中校长必须加入民社党，李惠明愤然拒绝。杨文彬一计不成，再生一计，与同党密谋以"共产党"罪名抓她，想要谋害李惠明，好在李惠明保持高度的警觉，在姐姐的掩护下顺利逃脱，并前往重庆。

转战重庆

1947年8月，李惠明来到重庆松花江中学工作。重庆松花江中学是1945年初创办的一所公立中学，地处今天的重庆市巴南区龙洲湾街道。在重庆上级党组织的指导下，李惠明经深思熟虑后决定，以松花江中学为据点，以教学管理为掩护，密切联系群众，培养积极分子，联系地下党员同志，开展革命活动。她一面对学校的上层领导和开明人士做团结争取工作，一面要求学校进步教师除认真向学生传授科学文化知识外，还必须通过课堂教学和指导学生阅读课外书刊、讲革命故事、教唱进步歌曲、教跳民间舞蹈、举办文艺演出等多种形式传播革命思想，宣传革命形势，激发学生的革命热情。

早在1946年下半年，李惠明便动员原先供职于松花江中学的进步教师杨修平重返学校，请他凭借原有关系，掌握松花江中学，以便掩护一些志同道合的同志去那里工作。1947年，杨修平回学校之后，按照李惠明的意见，采用"经济权可让，用人权绝不能让"等策略，就任了校长。此后松花江中学掩护了许多中共党员、民盟盟员和进步青年，其中包括王朴、贺天熙、王德裕、马秀英、罗广斌等人。

李惠明在松花江中学女生部从事管理工作时，不像一般训育管理老师那样老气横秋，摆出一副拒人于千里之外的冷面孔，而是和学生打成一片，把学生吸引到她的身边，同时又结交思想进步的老师，邀请他们一道以教学为名，为学生补习，培养进步青年。她积极参与校内的周末晚会、歌咏活动、时事座谈，与个别学生谈心，因此很受学生欢迎。不少学生在李惠明的教育熏陶下，开始变得关心集体和国家大事，不再是两耳不闻窗外事了。由于她的努力，松花江中学一度成为民主进步学校和党的活动基地。

李惠明在重庆还参加了党的外围地下组织"六一社"，在中共沙磁区特支的领导下，积极从事学生运动工作。

当李惠明与一群革命人士积极开展的工作在学生和群众中开始产生影响的时候，不幸的事发生了。1948年4月，党的地下刊物《挺进报》被破坏，中共重庆市工委书记刘国定、副书记冉益智被捕后叛变。刘国定于1938年加入中国共产党，1947年10月起担任中共重庆市委书记。在当时，他任要职，可以说是重庆地下党组织的核心人员，对重庆地下组织其他人员的情况了如指掌。因此，他的叛变直接导致下面的一干人等连连被捕。沙磁区特支书记刘国鋕也被出卖。4月10日，敌人欲逮捕刘国鋕，刘却机智地脱身，但匆忙中未来得及通知正要与他联系的李惠明，致使李惠明和她的未婚夫张国维被特务逮捕。两个特务抓住李惠明，将她双手反绑起来。李惠明厉声质问："你们这是干什么？"特务说："这是奉命行事。"随即拿出一张电报纸说："你们看吧。"李惠明拿起电报一看，全文是"立即将奸匪刘国鋕一干共党逮捕送省"。李惠明把电报往桌上一甩，辩道："我们都是教书的人，谁是什么奸匪？"随后李惠明被押送至渣滓洞监狱。审讯时，李惠明一口咬定和刘国鋕是同学，来找他是想通过他找工作。敌人抓不到把柄，只得把她作为嫌疑犯关押在渣滓洞。

李惠明虽身陷囹圄，但从未悲观失望，依然对胜利充满信心。在狱中，她见到了大学的校友江竹筠。江竹筠表示："毒刑拷打，那是太小的考验，竹签子是竹子做的，共产党员的意志是钢铁。"江、李二人这种坚贞不屈的榜样力量感染并激励着监狱的难友，坚定了他们的革命意志。渣滓洞监狱的全体难友空前团结，形成了一个相互支持相互勉励的战斗集体。在逆境中，李惠明依然刻苦学习，准备一旦出狱，就为建设新中国贡献力量，为党更好地工作。1949年春节过后，各个牢室传递着江姐发出的一句号召："加强学习，迎接胜利。"在狱中加强学习，听上去像是天方夜谭，但李惠明把牢房当课堂，教难友学习古典文学和外语。每天早晨，大家背英语、诵诗词，惹得那些看守特务百思不得其解：这些不知道今天死、明天亡的"囚犯"，还学那些洋文和洋话干啥？

一片丹心向阳开 渣滓洞集中营的川大英烈

关押在渣滓洞这口"活棺材"里，国民党军统特务对李惠明用尽酷刑：老虎凳、辣椒水、电刑、带刺的钢鞭、吊索、撬杠……面对敌人惨无人道的折磨，李惠明始终正气凛然、忠贞不屈。关押李惠明和十余名难友的房间很小，没有床，被褥直接铺在地上。重庆夏天潮热，冬天阴冷，很难想象在这样狭小的空间，十几个人挤在一起是怎样的煎熬。有人说女子是用水做的，但她们，在面对监狱恶劣环境时，面对严刑拷打时，却比男儿还刚强。狱中的非人待遇，丝毫没有冲淡李惠明的革命热情，她是一位有着崇高信仰、永不向敌人屈服的钢铁战士，是一位视死如归、毫无畏惧的革命斗士。她还经常惦念那些受刑致伤和生病的难友。有一阵子听说罗广斌要被释放，她还写纸条请他转交外面的朋友，让朋友设法捎些药品进来，给伤病员治疗。她的未婚夫张国维虽然也被关在渣滓洞，二人却无法相聚，纵有万般柔情，为了革命胜利，为了人民幸福，他们可以抛弃一切，慷慨赴死——这就是共产党人的理想信念和钢铁意志，这就是革命先烈经受的考验，这就是中国革命走向胜利的壮烈历程。

1949年4月，中国人民解放军占领南京，国民党反动统治宣告结束。不久，解放大军逼近重庆，蒋介石被迫决定由重庆撤退。根据蒋介石的直接令，国民党特务开始分批屠杀狱中革命志士。1949年10月，中华人民共和国成立的消息，像一道闪电划破黑牢。李惠明和难友们激动无比，她们相互拥抱，高兴得在地上打滚，每个人都在想象新中国成立后的热烈场景，等待着巴山蜀水的解放。然而在此时，一场惊心动魄、血腥残忍的大屠杀开始了。11月14日，蒋介石与毛人凤由台湾飞抵重庆，毛人凤主持执行蒋介石交代的处决、潜伏、游击、破坏四大任务。当日，江竹筠、李青林、齐亮等30人被枪杀于电台岚垭。11月27日，国民党反动派在仓皇逃跑前，对囚禁在白公馆、渣滓洞等监狱的革命者进行了疯狂的大屠杀，制造了震惊中外的"一一·二七"惨案，李惠明、许晓轩、谭沈明、刘国鋕等革命精英近200人被杀害。李惠明，中国共产党优秀的党员，川大优秀的学生，用鲜血谱写了不朽赞歌。她终于在"人间地狱"渣滓洞中盼来胜利曙光，却在重庆解放前夕被害牺牲，带着对新中国的殷切期望和对家中父母的无限留恋离开人世，年仅29岁。

红旗招展，青松挺拔，山花烂漫，革命英烈永远活在人民心中。李惠明烈士在短暂的一生中，勇于追求真理，坚定革命信念，无私无畏，坚贞不屈，把自己的青春年华全部奉献给了党和人民。她的崇高精神，将永远激励我们继承先烈的遗志，为社会主义现代化建设，为实现共产主义而英勇奋斗。

今天这盛世，是多少如李惠明一样的革命先烈流血牺牲换来的，作为他们的后代，我们永远不忘他们为党和人民建立的卓著功勋，永远不忘他们用鲜血和生命铸就的民族精神，永远不忘他们的遗志和追求。不忘革命先烈，践行先烈精神，白日莫空过，青春不再来，我们定要倍加珍惜无数先烈用生命给我们换来的幸福生活，勤奋学习，努力成才，牢记烈士遗愿，踏着烈士足迹，用自己的生命和才智去实现先烈们未竟的共产主义事业，去创造共和国的美好明天。

张国维传

张国维烈士（1921—1949）

张国维，1921年生于湖北省汉川市的一个贫苦农民家庭。幼年时期家乡受到日寇的侵略，日寇烧杀抢掠的凶残行为，令张国维幼小的心灵燃起民族仇恨的烈火，他发誓一定要为民族独立强大而努力奋斗。可以说，在少年时代，张国维的心里就播下了革命的火种。1942—1946年就读于国立四川大学法学院经济系。1946年毕业后，在成都、重庆开展革命工作。1948年因叛徒出卖被捕。1949年11月27日在渣滓洞监狱英勇就义，时年28岁。

求学川大

张国维自幼勤奋好学，极富正义感，家乡的同龄儿童对他都十分钦佩。后来他赴鄂西恩施上中学，在那里接受了革命思想的熏陶和洗礼，积极投入到抗日救国的爱国学生运动中去，并逐渐成长为坚强的共产主义战士。1938年，经过党组织的考验，年仅17岁的张国维在湖北恩施高中加入了中国共产党。

1938年，武汉失守，当时张国维刚好高中毕业。家乡沦陷，国家残破，令张国维倍感痛心。怀着满腔悲愤，他只身远赴四川，并通过刻苦学习于1942年秋季考入国立四川大学法学院经济系。

在川大读书期间，张国维的知识迅猛增长，视野不断开阔，思想也发生了深刻的变化。他不仅努力学习科学文化知识，阅读了大量文艺书刊，还持续吸收新思想。面对国民党顽固派消极抗日、积极反共，致使物价飞涨、民不聊生的社会现实，他认清了两种中国之命运和摆在中国人民面前的两条道路，树立了建设独立、自由、民主、统一、富强的新中国的远大理想。

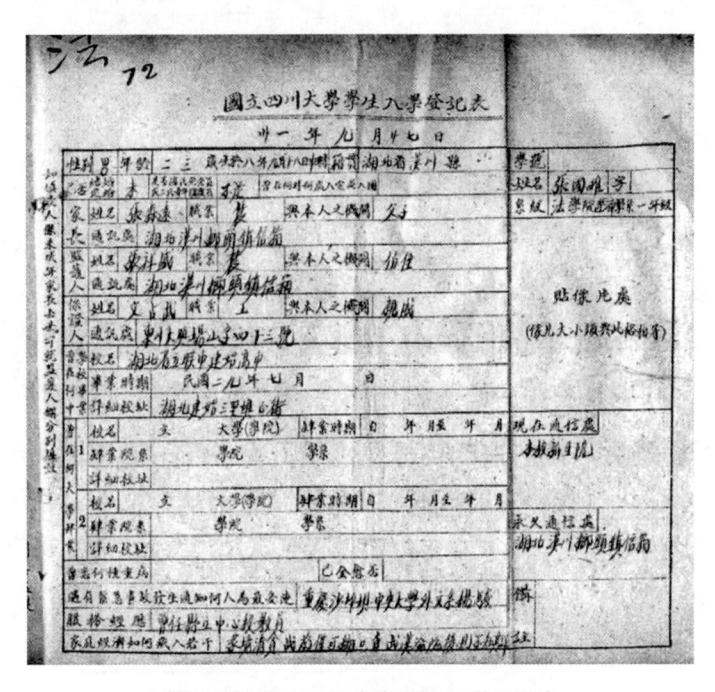

张国维的国立四川大学学生入学登记表

（图片来自四川大学校史馆）

在国立四川大学的四年间，张国维目睹了蒋介石的倒行逆施和国民党政府的腐败丑恶，更加清醒地认识到了国民党反动派的罪恶本质。当时，成都地区的党组织已逐步恢复和发展起来，以"反饥饿、反内战、反迫害"为口号的学生民主运动也风起云涌。在成都发生的"市中事件""李实育事件""三教授事件"等事件的声援活动中，张国维都挺身而出，积极投入，并具体负责发动群众和联络工作，成为学生运动中坚定而积极的骨干。在投身学生运动过程中，他结识了李惠明等进步同志，并加入中国民主同盟，两人后来成为志同道合的革命恋人，谱写了一段佳话。

学运中坚

1946 年，张国维从国立四川大学毕业后，进入成都建国中学任教，并任成都《民众时报》助理编辑。1947 年，成都发生了"官箴予事件"。在党的领导下，成都各校立即开展了抗议和声援活动，张国维也前往参加，和川大的许多校友一道高呼口号，坚持斗争，直至斗争胜利结束。他的行动，使当时参加斗争的同学们大受鼓舞，他英俊潇洒、正气凛然的形象给大家留下了很深的印象。在火热的斗争中，他经受了革命实践的锻炼。

后来，由于斗争的需要，张国维奔赴重庆，毅然决然地投身于为共产主义事业奋斗的第一线。他首先在重庆工商学院工作，后任南林学院图书馆主任，协助马哲民教授做统战工作，接着又到重庆大公职业学校任教。张国维利用职业作掩护，在学校周围一带开展农民运动，从事党的地下工作。在此期间，他曾任中共沙磁区特支委员，与李惠明一起组织了学生进步社团六一社，并组织重庆建民中学、蜀都中学的进步师生开展革命宣传活动、发展党员。

机智对敌

1948年4月，由于中共重庆市工委书记刘国定被捕叛变，川东和重庆的共产党地下组织遭到极大破坏。刘国定叛变后成了反动派身边凶恶的鹰犬，他在重庆出卖了不少同志，后来竟然带着特务来到成都四处抓人。张国维和未婚妻李惠明在重庆何公馆不幸被捕，被关进了渣滓洞监狱。

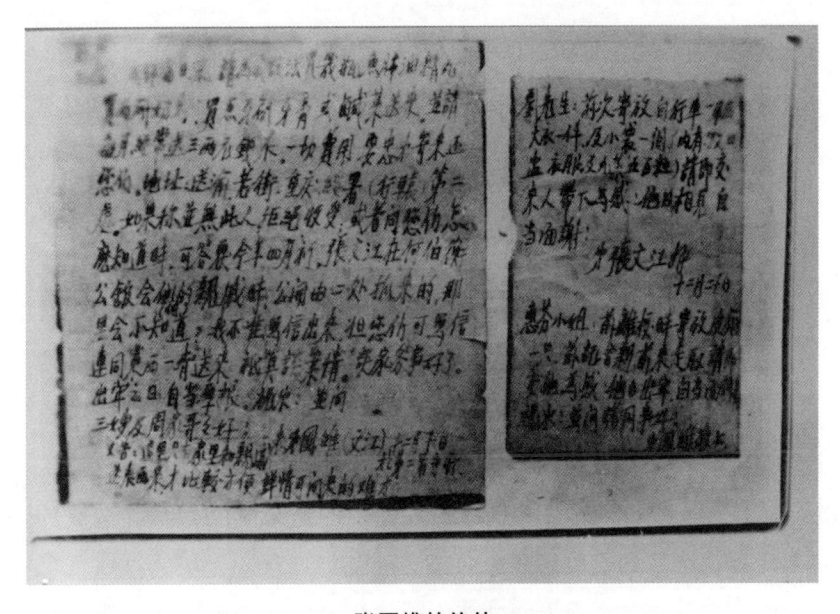

张国维的信件

（图片来自四川大学校史馆）

张国维被捕后，国民党重庆行辕二处处长徐远举十分重视，决定亲自审讯。他们用了种种办法，威逼利诱、软硬兼施，试图使张国维屈服，但张国维毫不畏惧，沉着冷静地对付他们，并当面痛骂徐远举为"九头鸟"。无计可施的敌人只能对张国维施以重刑。尽管牙齿被打掉，张国维也始终没松口。严刑拷打和非人的折磨，致使他肺部受伤，咳嗽不止，但他也毫不动摇，而特务机关又没有掌握到他的任何现行"罪证"，所以一直把他作为"严重违纪人员"对待。面对敌人的残酷迫害，为保存斗争力量，张国维学到了一手装疯卖傻的"绝技"，他装成精神病患者，与敌人巧妙周旋。他可以一动不动地坐上几个小时，不说一句话。特务以为张国维坐牢太久，已经疯傻，就放松了对他的拷问。坚贞不屈的张国维受到了同牢难友们的尊敬。

"狱中八条"

渣滓洞的革命战士遭受着残酷的毒刑，经历了各种折磨，过着非人的生活，但他们只要有一线希望、一点可能，就要争取活下来，因为只要活着就可以继续学习、战斗。在狱中，同志们以高度的责任感、真诚的态度，结合实际工作、被捕经历、对狱中斗争的切身体会，从党的建设、组织发展、党员教育等方面进行了思考和讨论，并提出了著名的"狱中八条"。

"狱中八条"针对的是1948年的《挺进报》事件，以及在同年发生的上下川东三次武装起义的失败。这两件事给四川的地下党组织造成了沉重打击，致使多人被捕入狱。《挺进报》事件的恶果其实是叛徒造成的。叛徒只有极少几个，却是位居要职的领导干部。如果不是因为这些人，党的地下组织也不会遭受这么大的破坏。他们叛变的诱因是狱中同志深刻反思的最主要问题，也是最能引起后人共鸣和警醒的地方。"从所有叛徒、烈士中加以比较，经济问题、恋爱问题、私生活，这三个个人问题处理得好坏，必然地决定了他的工作态度，和对革命的是否忠贞。"报告中的这段话一针见血，在今天看来仍值得回味。狱中同志在报告中强烈要求加强党的自身建设，并提出要特别注意防止领导成员腐化。

"狱中八条"

(孙化显摄于歌乐山烈士陵园)

经过查阅史事,可以发现"狱中八条"的成功撰写和流传,与张国维的努力是密不可分的。1948年9月,罗广斌因叛徒出卖被捕,随后被关进渣滓洞监狱楼下七室,正好与张国维同室。由于罗广斌的哥哥是国民党高级将领,狱中的很多人都不待见罗广斌,认为他们是蛇鼠一窝,不愿与之交流。但张国维曾经领导过罗广斌的工作,他十分冷静地分析了罗广斌的情况:由于罗广斌的哥哥是国民党高级将领,因此罗广斌最有可能活着出去。于是,他给罗广斌交代了一个任务:"我们大多数人可能没法活着出去,但你不一样。你有个哥,掌十万雄兵。你要注意收集情况,征求意见,总结经验,有朝一日向党报告。"罗广斌牢牢记住了张国维的嘱托,积极结交狱中难友。大家也逐渐对他产生信任,愿意与他交流。

1949年12月25日,从"一一·二七"大屠杀中侥幸脱险的罗广斌追记和整理了同志们在狱中的讨论和总结,向中共重庆市委上交了《关于重庆组织破坏经过和狱中情形的报告》。报告共分为八个部分,第七部分是"狱中意见",共八条,3000余字。中共重庆市委党史研究室原副主任胡康民对其进行了提炼,这就是著名的"狱中八条":

一、保持党组织的纯洁性、防止领导成员腐化；

二、加强党内教育和实际斗争的锻炼；

三、不要理想主义，对上级也不要迷信；

四、注意路线问题，不要从右跳到"左"；

五、切勿轻视敌人；

六、重视党员特别是领导干部的经济恋爱和生活作风问题；

七、严格进行整党整风；

八、惩办叛徒特务。

这八条意见是革命先烈在白色恐怖的环境中，在残酷的革命斗争实践中，特别是在经历失败和挫折后刻骨铭心的体会，可以说每一个字都是用烈士的鲜血写成的，一字一句不寻常。"狱中八条"的第一、二、六、七、八条说的是人的问题，主要是组织建设特别是领导干部的作风建设问题。狱中同志强烈要求加强党的自身建设，而在党的自身建设中最重要的就是领导班子的建设。要特别注意防止领导成员腐化，这是狱中同志们痛切感受到的最根本、最重要的教训。在地下工作中，党员大都实行单线联系，直接领导人就是组织，就是党的代表，很多年轻同志对他们敬仰、崇拜，事事依赖，到头来却被出卖了。第三、四、五条说的是思想路线、工作方法。狱中同志在讨论中提出"注意路线问题，不要从右跳到'左'"，这里前半截是指川东地区党组织在贯彻执行"隐蔽"政策中搞右了，后半截是指上下川东三次武装起义搞"左"了。狱中部分同志认为，随着1947年刘邓大军强渡黄河、挺进大别山，解放战争向前发展，川东党组织发动农村武装斗争时，"发生了与原来过右作风相反的过'左'的盲动作风"。至于"隐蔽"方针的贯彻执行是否右了，上下川东三次武装起义是否"左"了，至今党史学界还存在不同意见，但无论如何，这里所提出的要注意路线问题，不要左右摇摆，特别是不要以为越"左"越革命，这一个基本观点难能可贵，有着深远的教育意义。"狱中八条"是烈士用鲜血和生命凝铸出来的，它虽朴实无华、明白简洁，却揭示了党内生活和社会生活中一些带规律性的东西，经受了历史的检验，发人深思，仍有现实警示意义。2018年全国"两会"期间，习近平总书记在参加重庆代表团审议时，就将"狱中八条"一一读了出来，提出严肃党内政治生活要固本培元，增强定力。"狱中八条"认为少数重庆地下组织负责人蜕化成叛徒的根本原因，是在面对生死考验时理想信念不坚定，精神"缺钙"，只能变节投降成为叛徒。

英勇就义

1949年10月，重庆仍处于"黎明前的黑暗"中。当时经过三大战役，中国人民解放军百万雄师过大江，势如破竹地攻克了国民党大量占领地。蒋介石"划江而治"的梦想破灭后，认为他们的失败是对共产党手软的结果，于是在重庆对共产党人和进步人士进行了疯狂屠杀。11月27日，国民党反动派在仓皇逃跑前，对囚禁在白公馆、渣滓洞等监狱的革命者进行了疯狂的大屠杀，英雄张国维悲壮殉难于渣滓洞，时年28岁。

1949年11月30日下午，重庆解放，人民欣喜若狂，庆祝革命的胜利，但在歌乐山下的国民党军统集中营，却是血迹遍地。张国维同志和渣滓洞的英雄先烈们多想看一看解放后重庆晴朗的天空，还有那雄浑的嘉陵江和巍峨的群山啊！然而，英雄的先烈们看到了希望的曙光，却流尽了最后一滴热血！累累忠骨长埋歌乐山下，烈烈忠魂永驻世间。张国维烈士在短暂的一生中，勇于追求真理，坚定革命信念，无私无畏，坚贞不屈，把自己的青春年华，甚至鲜血和生命都全部奉献给党和人民，他的崇高精神，将永远激励我们继承先烈的遗志，为实现共产主义而英勇奋斗。

何懋金传

何懋金烈士（1917—1949）

何懋金，生于川东重镇万县（今重庆市万州区）河口乡晏家咀，5岁开始跟着祖父何成芝读古书，8岁转入新学，先后在天元寺小学、万县县立中学、致远中学、重庆求精中学读书，成绩优秀。1944年，何懋金考入迁至成都的私立金陵大学农经系。1946年金陵大学迁回南京，何懋金转学到国立四川大学农经系。同年6月，加入中国共产党，担任川大党总支委员。在川大读书时期，何懋金宣传革命真理，组织爱国游行；离开川大以后，何懋金回到家乡领导农民运动，开展武装斗争。1949年，何懋金因叛徒出卖被捕，4月被转送至渣滓洞监狱，11月27日在大屠杀中殉难。

川大的革命先锋

何懋金从小就具有求实精神和爱国主义思想。1926年发生在他家乡万县的"九五"惨案，震撼了他幼小的心灵，使他意识到祖国需要找到救人民于水火之良药。1937年秋，何懋金来到重庆求学，寻找救国真理。青少年时代的何懋金，深受叔父何其芳的影响，思想进步，喜欢学习新知识、了解新事物。其在中学时代就积极学习英语。此时，抗日救亡运动如火如荼，何懋金凭借自身能拉会唱的艺术天赋，积极参加学校歌咏宣传队，为抗日做宣传。他还利用寒暑假的时间在家乡组织小团队进行形式多样的抗日宣传活动，比如排演街头活报剧、教唱救亡歌曲、创作抗战漫画等。他还利用多种形式的演出揭露日寇暴行，号召大家为前线战士捐衣捐款。1941年，在抗战局势白热化的时候，何懋金开始深入思考自己的人生方向。他向在重庆的叔父何其芳求教，并在其指导下，开始钻研中国现代史、哲学和政治经济学。在高中毕业后，他阅读了大量马列主义书籍和报刊。

1944年，何懋金抱着立志改革农业的愿望，考入了迁到成都的私立金陵大学农经系。他勤奋好学，常与学院的进步教授和同学探讨中国农村经济问题，秘密学习敌后根据地土地政策和整风文献，阅读《资本论》《大众哲学》和《新经济学》等革命书籍。1944年，他加入党的外围组织民主青年协会。1946年金陵大学迁回南京，何懋金转学到国立四川大学农经系。他一边在川大求学，一边抽出时间从事革命活动。他发起成立了离离草社，担任该社主要领导，经常组织社团成员阅读进步书籍，交流心得，讨论时事政治，同时还办专栏、出壁报，宣传共产党的主张。

虽然抗日战争的爆发造成时局艰难，但由于川大校长不断礼聘知名学者，川大农学院的师资力量在抗战期间仍得到了明显增强，成为当时中国农业科研教育水平最高的学校之一，被邵维坤称为"将来复兴中国农村的策源地"。何懋金在川大求学期间眼界大开，胸中的革命火焰愈燃愈烈，是校内党的外围组织民主青年协会的首批成员和积极分子之一。1946年，他被吸收为中国共产党党员，走上了为民族为人类求解放的人生道路。

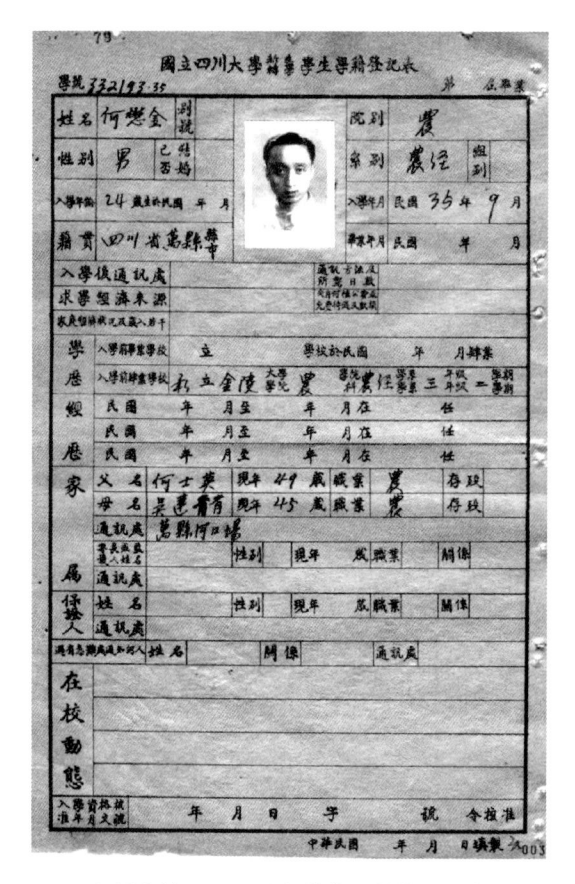

何懋金的国立四川大学学生学籍登记表

（图片来自四川大学校史馆）

何懋金爱好音乐且极有天赋。音乐是他联系群众、与敌斗争的特殊武器。1947年，何懋金在四川大学校内发起成立黎明歌唱团和秧歌队，成为两个社团的负责人之一。"天上没有星，地下人寂静，我们期待黎明快来临！黎明快来临！黎明快来临！来临人间就幸福和平，来临人间就幸福和平。"这首《黎明歌》是黎明歌唱团的团歌。黎明歌唱团是为了推广秧歌、陕北民歌和各种进步歌曲，用音乐团结和教育青年而发起成立的，它以特殊的形式发挥着文艺轻骑兵的作用。何懋金带领歌唱团利用所擅长的音乐进行对敌斗争，激励同学们勇敢向前，用青春和热血谱写了一曲曲战斗之歌,是名副其实的"黎明前的歌唱者"。他还经常组织同学高唱革命歌曲,宣传革命真理。尤其是他教唱的《跌倒算什么》这首歌曲,当时在激励同学不畏艰难、拼搏向上等方面产生了深远的影响。每到傍晚,国立四川大学校园里常常会响起"山那边呀好地方""跌倒算什么,我们骨头硬"的激越歌声,也总能听到"雄鸡、雄鸡,高呀高声唱"的豪放乐章,这些歌声和乐章极大地激励了广大追求进步的同学热情加入抗日图存的斗争之中。歌唱团在校本部、新生院、工学院、先修班举办的多次演出,都座无虚席。他们在成都市区的《新新新闻》报馆大厦举办的义卖演出,气氛极为热烈,上座率更是远远超过人们的预料。在各场演出中,总有何懋金的节目。他很喜爱演奏刘天华的《病中吟》和聂耳的《金蛇狂舞》,他和刘光书同学的二胡合奏常常博得听众热烈的掌声。

1947年,国民党反动派在南京制造了镇压学生运动的"五二〇"血案后,"反饥饿、反内战、反迫害"的学生运动迅速在全国各地开展起来。为了声援京沪的学生运动,1947年6月2日,何懋金作为组织者之一,组织川大师生在大礼堂召开大会,会上与国民党特务展开了面对面的斗争,会后在校内举行了示威游行。

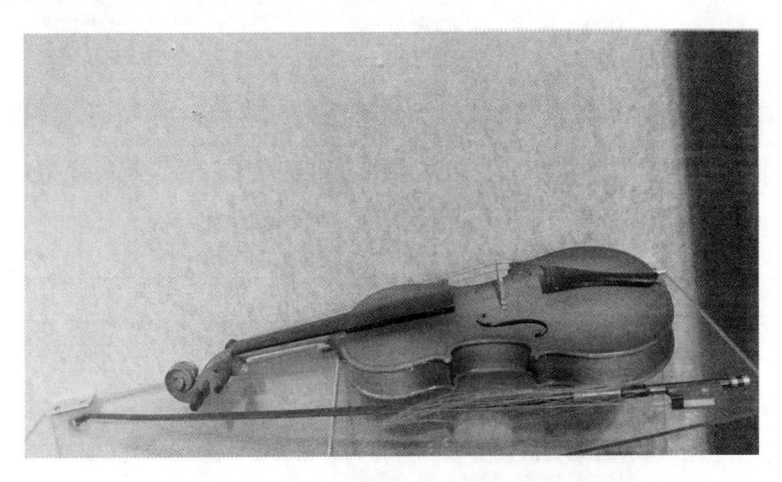

何懋金 1946 年在川大黎明歌唱团用过的小提琴

(孙化显摄于重庆红岩魂陈列馆)

一片丹心向阳开 渣滓洞集中营的川大英烈

青年时期的何懋金

［图片来自四川农业大学档案馆（校史办公室）］

黎明歌唱团部分成员于 1947 年 6 月在川大图书馆旁池畔合影

（图片来自四川大学校史馆）

何懋金是解放战争时期四川大学党组织的负责人之一，是四川大学党总支委员。他性格随和，工作能力强，因此备受群众爱戴，在党内和同学中都有较高的威望。1948年，国立四川大学党组织获得较大发展，仅何懋金自己就介绍了十多名经过考验的同学加入中国共产党。与此同时，他还受组织委托，负责了国立四川大学民协的领导工作。在他的组织下，民协积极带领同学们参加各种活动，广泛联系群众，团结中间同学，争取后进同学，壮大革命队伍。他不畏艰险，宣传革命真理，传播进步书刊，使民协成员在斗争中发挥了骨干作用，为党组织培养和输送了有生力量。

1948年4月，在中共成都市委的领导下，国立四川大学学生作为主力和中坚力量，以争取平价米为由，和全市大专院校一道，发动了"反饥饿、反内战、反迫害"运动。何懋金作为川大党总支委员，是这次活动的主要组织者之一。当川大游行队伍到达华西协合大学（简称"华大"）时，正值该校进步同学被校方阻挡，困在教学楼里。何懋金爬上华西坝钟楼，撞钟鼓动，华大同学趁势冲出教学楼，与川大队伍汇合一处。当时四川省政府主席王陵基拒不接见学生代表并进行暴力镇压和新闻封锁。1948年4月9日当天，有300多名同学受伤，132名同学被当场抓走，酿成了有名的"四九"血案。何懋金带着通电和血衣、照片去重庆活动串联，争取全川、全国人民支持，大造声势。在强大的舆论压力下，王陵基被迫无条件陆续释放了全部被捕学生，发放了平价米。事后，当局巧立名目传讯革命学生，何懋金又不辞辛苦，无惧牺牲，日夜奔走，掩护黑名单上的同学撤退。这次斗争的胜利，促进了全川"反饥饿、反内战、反迫害"运动的广泛开展，保存了党的有生力量，进一步坚定了同学们斗争到底的信心。

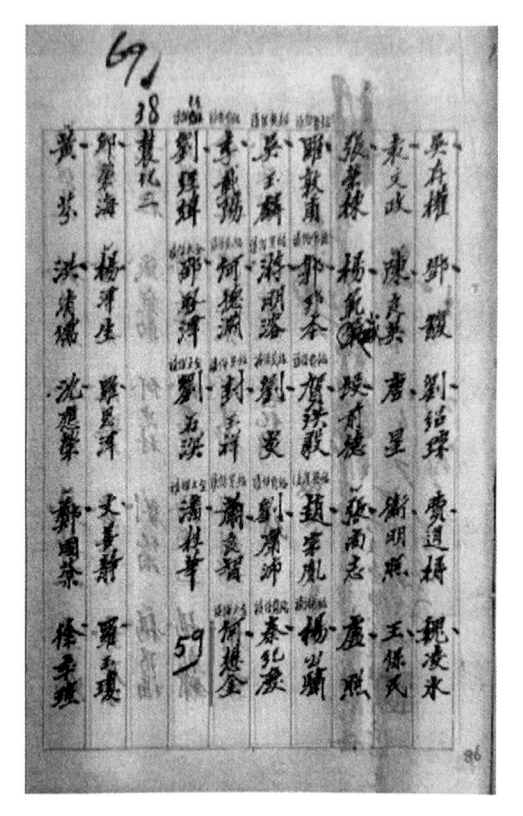

何懋金借读川大名册（1946年）
[图片来自四川农业大学档案馆（校史办公室）]

川东的农运领袖

1947年底至1948年春，中国共产党川东区临时工作委员会（简称临工委）为了配合中国人民解放军的进军，决定在大西南敌后开辟第二战场。1948年初，临工委委员、川东游击纵队政委彭咏梧率领游击队在云阳南溪镇打响了武装斗争的第一枪，使在西南负隅顽抗的敌特大为震惊。为了对地下党进行破坏，1948年4月，敌人以《挺进报》为突破口，首先破坏了重庆的地下党组织。由于叛徒的无耻出卖，1948年6月，江竹筠等人被捕。

1948年7月，何懋金奉川康特委副书记马识途派遣回到家乡，领导农民运动，开展武装斗争，准备迎接解放军入川。何懋金带领崔干平（原名崔极绪，川大政治系学生）、郝耀青（川大物理系学生）、蒋开萍（川大政治系学生）、唐万宇（川大地理系学生），分头回到各自所在的乡，开展农民运动。不久罗玉琼、余泽民也先后去了万县。何懋金到万县后，与早已在忠县师范学校任教的饶顺照取得联系，组成川东工作队党支部，由饶任书记，何为副书记。党支部成员们分别到自己老家所在地开展敌后工作。郝耀青、唐万宇、罗玉琼三人通过社会关系，以教书为掩护，分别在省立万县中学、省立万县师范学校、鱼泉中学任教。余泽民到河口乡协助何懋金开展农民运动，蒋开萍主要在长岭乡开展农民运动，崔干平主要在上复兴乡开展农民运动，成员们利用家乡的有利社会关系，很快就深入到群众中开展工作了。

一、发动农民，组织农会

何懋金在全民族抗战时期就在家乡搞过抗日宣传活动，人熟地熟，给开展工作带来很大的便利。他首先团结了家庭中的进步人士——幺叔何宋冰，并通过他启发、串联了走乡串户的理发师张承富。张又广泛串联了本乡的贫苦农民。经过张的积极串联，几十名积极分子被组织起来。1948年10月的一天晚上，何懋金在张承富家召集了第一次农民会议。他向大家分析了解放大军的进军形势，讲解了农民组织起来抗丁、抗粮、抗捐、抗税，团结互助的好处。当晚，第一个农民互助会（简称"农互会"）成立了。此后，会员们在何懋金的指导下行动起来，反对反动政权"拉丁、拉夫、派款"，要求"二五减租"，搞得热火朝天。当地的大地主只得被迫减租，群众的情绪很高。农互会的积极分子回到本村后，将本地的贫苦弟兄也照样团结、组织起来。到1949年2月底，河口乡的农互会会员已发展到1250余人。河口乡在组织发展农互会的基础上，培养锻炼了一批骨干。何懋金发展了何宋冰、张承富、何懋光等12名党员。

二、准备武装斗争和敌营策反

何懋金见农民运动已经如火如荼，群众基础日渐牢固，便一方面与新发展的共产党员张承富、何宋冰等商量，在河口乡组织武装队伍，开展斗争；另一方面到上复兴乡去与崔干平一起动员其兄崔北川带兵起义。

崔北川是崔干平的大哥，时任国民党整编第十师二五五团代理团长。他为人正直，厌恶内战，愿弃暗投明。如果将他策反成功，那么此举既能削弱敌人兵力，动摇敌人军心，又能给将要组织的农民武装提供必要的装备。于是，崔干平写信劝告崔北川认清形势，当机立断，解甲归里。果然，1948年9月中旬，崔北川偕同妻子离开了部队，并同何懋金会面。①

何懋金和崔北川虽然素不相识，但一见如故，相谈甚欢。谈话的内容涉及面非常广泛，从全国战局到大西南的现状，无所不谈。当具体谈到崔北川的去向时，他们一致认为到罗广文的部队去最好。罗广文当时任第七编练司令，驻防重庆，崔北川是他的老部下，可以利用他作掩护进行策反工作。这次交谈后，崔北川立即致函罗广文，几天后便收到罗广文的回信，让他补缺一〇八军二四一师七团团长职。当月下旬，崔北川便带着三弟崔干平进入万县城，走马上任。②

后来，崔北川在罗广文部七二二团当团长，因不愿打内战而想解甲归田。经过何懋金和崔干平的耐心劝导，他又回到部队策划川军起义。1948年10月，七二二团在南川首举义旗，崔干平与其兄崔北川随即将武器支援给党领导的游击队。后来，罗广文也在川西通电起义。

为了更好地了解解放战争形势，做好迎接解放大军进川的准备，何懋金还将一部旧收音机改装成收报机，收听新华社的广播消息。解放军在辽

---

① 中国人民政治协商会议青岛市委员会、文史资料研究委员会编《青岛文史资料 第7辑》，1986年。
② 中国人民政治协商会议青岛市委员会、文史资料研究委员会编《青岛文史资料 第7辑》，1986年。

沈、平津、淮海三大战役中的伟大胜利，极大地鼓舞了广大农民群众。在河口乡，张承富、何宋冰等去做乡公所乡丁的工作，经过一段时间的周旋，20多名乡丁均被发动起来，愿把所有枪支、弹药交给党组织开展武装斗争，决心跟着党，上山打游击，迎接解放大军进川。

何懋金等人按照上级党组织的要求，到农村去发动农民，播撒革命的火种；去组织农会，开展农村武装斗争；去策反敌武装部队，配合解放大军入川。他们团结战斗，在艰难复杂的斗争中，在生与死的考验中，得到了锻炼。

在狱中坚强乐观

1949年，叛徒向敌人供出了何懋金、蒋开萍、郝耀青等人的情况。国民党四川省特委会随即密令万县特委会："查成都四川大学万县籍学生蒋开萍、何懋金、郝耀青三人。他们在该校进行共产党活动，秘密组织新民主主义研究（协）会……饬该令火速派员查缉，归案法办。"国民党万县特委会主任陈治汉得令后，即布置长岭乡的中统特务彭钺和河口乡乡长、特务张铭声对何、蒋、郝等人进行监视。川东工作队党支部获悉后，即要何懋金等人暂时隐蔽。然而，何懋金一心迎接解放，他将工作队队员余泽民、罗玉琼二人安排到万县鱼泉中学和万县农业中学任教，隐蔽下来，自己仍留守在第一线坚持斗争。

3月23日，蒋开萍在万县城内被捕。在蒋开萍被捕的第二天，万县特委会的特务黄市然等走了60多里山路，直达河口场，找到了当地的乡长张明生，命令他把乡公所的反动武装团练兵全部交出来，由他指挥使用。虽然张明生与何懋金是表兄弟，但对于特务的命令，他怎敢违反，只好一同到何家来抓人。在3月25日清晨天将破晓时，何懋金家的院子被反动武装包围起来。特务敲开了何家的大门，要何的父亲何士英把何懋金交出来，还是那句老话："川鄂绥署请何懋金先生去谈一次话！"何懋金由于前一晚在附近农村组织农民协会,深夜才回家,所以此刻正在睡觉。当他被异样的嘈杂声惊醒,并听到特务粗暴的谈话时,他明白自己将要被逮捕,于是穿好了衣服,走出寝室,来到堂屋。他的母亲和弟弟妹妹们知道凶多吉少,都在痛苦地哭泣。他向母亲磕了一个头,便被特务抓走了。[①]

何懋金被捕后,面对白色恐怖,河口乡的农互会会员并没有被反动派的汹汹气势吓倒。在河口乡党员张承富、何宋冰的带领下,他们决定利用自己的武装力量,借挑米进城为名,兵分两路对何懋金进行拦截营救。但狡猾的敌人临时改变路线,走水路将何懋金押至万县特委会,营救计划未能实现。

不久,遭到逮捕的何懋金、蒋开萍、郝耀青被转押至渣滓洞监狱。敌人对他们施以毒刑,但他们英勇无畏,坚贞不屈,坚决保守党的一切秘密,保护工作队的同志们,保护农民弟兄。为了鼓励战友和振奋精神,何懋金经常带领同志们高唱革命歌曲。每次受刑后回到牢房,他都要忍着剧痛,和难友们一起高唱《国际歌》《山那边的天》《跌倒算什么》等歌曲。

曾关押何懋金烈士的楼下六室

(孙化显摄于渣滓洞监狱旧址)

[①] 中国人民政治协商会议重庆市万州区委员会文史学习委员会编《万州文史资料 第1辑》,1999年。

1949年11月27日，在重庆处于黎明前最黑暗的时候，敌人开始狠下毒手。27日深夜，特务们从牢房两头进行扫射，枪声大作。何懋金、蒋开萍、郝耀青当场壮烈牺牲。殷殷赤子血，染红了新中国鲜艳的五星红旗。何懋金年轻的热血，与众志士的鲜血汇流在一起，渗透了祖国饱经苦难的西南大地，迎来了家乡的胜利解放。他用无悔的青春和赤诚的生命演奏出一曲激越的战斗之歌！

郝耀青传

郝耀青烈士（1924—1949）

郝耀青，重庆万县（今万州区）人。1930年夏入大浦池小学，毕业后考入万县县立中学念初中。1939年，考入万县私立石麟中学念高中。中学期间，受到进步思想的影响，看过《大众哲学》《新华日报》等书报。1944年秋，考入国立四川大学物理系学习。1944年10月，参加了声援成都市立中学同学的游行集会和请愿。1945年12月，在四川大学追悼昆明"一二·一"烈士大会上，愤怒地揭露国民党特务的罪行。1946年，参加了理工科学生组织的自然科学研究社和黎明歌唱团。1947年，参加了党的外围组织民主青年协会，并担任小组长。1948年4月9日，成都学生举行"反饥饿、反内战、反迫害"的示威游行，王陵基命令军警、特务制造了打伤200多人、逮捕130多人的"四九血案"。中共成都市委召开紧急会议，发动群众成立后援会，川大、华大等大中学校宣布罢课，川大学生绝食一天。郝耀青在后援会上，用亲身经历控诉国民党罪行，激起了群众愤慨。会后，郝耀青去市政府监狱看望被捕同学，竟遭到无理逮捕，后因全市群众一致反对，国民党当局被迫于4月11日将他及其他被捕学生释放。"四九血案"后，他更加看清了国民党独裁统治的反动本质，向中共地下组织提出入党要求。经何懋金介绍，川大党支部吸收他为中共党员。随着革命斗争形势的发展，中共川康特委根据党中央关于国统区党组织面向农村、发动群众、组织武装斗争、迎接解放的方针，组织了川东工作队。他回万县参加川东工作队，以去万县私立川东中学任教为掩护，组织地下联络站。川东中学办一期后因资金不足停办，他改去省立万县中学任教，一直与地下工作者、川东工作队队长何懋金及队员蒋开萍保持联系。1949年4月16日，郝耀青在万县被捕，与何懋金、蒋开萍一起被关押在县城文庙文教局后的图书馆楼上。敌特对他们进行了多次严刑拷打，但他们拒绝回答任何问题。1949年5月，三人被敌人押解重庆，囚禁在渣滓洞监狱底楼七号牢房。1949年11月27日，郝耀青英勇就义。

在川大走上了革命道路

1944年秋，郝耀青抱着"科学救国"的理想，考入国立四川大学理学院物理系。他带着简单的行李，身着朴素的衣服，告别家乡父老，到了距家千里之遥的成都。在新的环境中，他开始了新的生活。大学阶段是他人生的重大转折阶段，也是他革命道路的开端。初到成都的他，对一切都感到新奇而陌生。性格谦和、沉默寡言的郝耀青，表面上是一个埋头苦读、不问政治的懵懂学生，但如果同他相处一段时间，就会发现他对人热情，富有正义感，且爱憎分明。他进校后不久就遇到国民党顽固派镇压学生的"市中事件"。这次事件使郝耀青初步认清了国民党的本质，提高了他分辨是非的能力。

1945年，在国立四川大学举行的"一二·一"烈士追悼会上，郝耀青一反沉默寡言的常态，不顾个人安危，满脸热泪，激动地站起来，痛斥反动派。他慷慨激昂的控诉，使同学们义愤填膺，深为中国的前途担忧。1946年，他积极参加声援"沈崇事件""李（公朴）闻（一多）事件""官箴予事件"的斗争和反对签订《中美商约》等活动。

国立四川大学党组织积极领导进步同学成立进步的学术团体和文化团体，以争取和团结广大中间同学。郝耀青参加了理工科学生组织的自然科学研究社。这是一个偏重自然科学研究的进步团体，成员们经常探讨一些学术上的问题，制作有健康思想和进步意义的壁报。郝耀青经常为壁报撰写文章。他还参加了党领导的黎明歌唱团。该团以唱进步歌曲、扭秧歌等形式团结组织学生，提高同学们的觉悟。在这个歌唱团中，他学会了许多进步歌曲，而且特别喜欢唱这样一首歌："跌倒算什么，我们骨头硬，爬起来，再前进！……生，要站着生，站着生！死，要站着死，站着死！……"这支抒发革命志气的歌曲，鼓舞着同学们为迎接新中国的诞生前仆后继，也一直贯穿郝耀青的革命生涯，激励鼓舞着他。

斗争的锻炼、进步思想的影响以及活生生的现实的启示，使郝耀青的思想更加成熟。1947年，他加入了党的外围革命组织民主青年协会，并担任小组长，细致深入地负责川大助学伙食团的工作。郝耀青注意团结厨工，精打细算，在极度困难的条件下为改善同学的生活服务，将伙食办得很令同学们满意。这在当时物价飞涨、很难买到平价米的情况下，是十分难得的。同学们都夸他是会办事的经济人才。在民协组织中，郝耀青默默无闻地为同学们服务。他经常负责中共党员何懋金交给他的刻印党组织所收到的新华社电讯的任务，还常为黎明歌唱团刻印解放区传来的歌单。

1948年4月9日，成都大中学生进行了"反饥饿、反内战、反迫害"和"申请平价米"的斗争，遭到了反动派的疯狂镇压，酿成了"四九血案"。在国立四川大学后援会上，郝耀青于成百上千人面前慷慨陈词，控诉了反动派的罪行，并用自己亲身经历来唤醒群众的觉悟。他进一步认识到，只有在共产党的领导下，人民才能得到真正的解放，中国才有出路。

为此，他向党组织提出了入党的请求。经何懋金介绍，1948年7月20日，郝耀青实现了多年的愿望，成了中国共产党的一员。

回到家乡组建革命队伍

1948年夏天，按中共川康特委的指示，何懋金带领着国立四川大学当年毕业的万县籍中共党员郝耀青、蒋开萍等人，组建川东工作队及工作队支部。他们回到家乡万县，发展农民武装，上山打游击，迎接解放大军入川。队员们分别到自己老家所在地，如万县河口乡、上复兴乡和长岭乡，开展工作。郝耀青在万县私立川东中学以任教为掩护，组织地下联络站，负责这三个乡农民运动的联络工作。

斗争是艰苦的。郝耀青以自己的沉着、机智，多次顺利地完成秘密联络工作，使何懋金、蒋开萍等安全出入川东中学。由于缺乏资金，川东中学仅办了一期就结束了。1948年12月，郝耀青回到了家中。次年1月，他任教于省立万县中学。1949年2月，在万县河口乡、上复兴乡、长岭乡一带，长江上游的南北两岸，川东工作队组织起来的"农民互助会""工农联合会"会员达3000多人，作为骨干的中共党员已发展到14名。

郝耀青在国立四川大学读书和在万县工作期间，都对亲人进行了革命宣传教育。他在国立四川大学上学期间，他的七姐慎瑜就读于重庆国立女子师范学院英语系，他们常有书信往来。郝耀青在信中说："世界上有黑暗面，也有光明面。""天下没有不散的筵席，什么也都得变，要看到这种变化的存在，要学会在黑暗中去找光明的东西。"他的思想给予姐姐以积极的影响，使其大受启发，后来也走上了革命道路。他的妹妹珍瑜在重庆私立相辉学院读书，后来能冲破世俗偏见和家庭阻力，毅然辍学从军，考进中国人民解放军唐山军政干部学校，也同郝耀青的影响是分不开的。

英勇就义

1949年3月底，由于叛徒的出卖，蒋开萍、何懋金先后被捕。这时亲友都为郝耀青的安全担心，劝他暂时躲一躲，但他总是一笑了之，把生死置之度外。在他得知两位战友被捕的消息后，曾一口气跑了15里山路，到护城乡去通知那里的一位队员，共同研究营救的办法。当时，郝耀青完全忘了自身的安危，没有想到他自己也被叛徒出卖了。

在逮捕了何、蒋后，国民党万县特委会并没有立即逮捕郝耀青。当时郝耀青对革命事业忠心耿耿，又没有得到组织上叫他撤退的指示，仍然坚持战斗在第一线。

4月16日下午，郝耀青携其同学到城里参加国立四川大学校友聚会。当他们走到较场坝时，突然有人挡住他说："绥署有请，先生走一趟。"郝耀青就这样被逮捕了。家中各方活动，设法营救，均无结果。

郝耀青被捕后，同何懋金、蒋开萍一起关在县城文庙文教局后的图书馆楼上，受尽了折磨。面对敌人的一次次严刑拷打，他总是怒目以对，拒绝回答敌人提出的任何问题，千方百计保守党的秘密，使农民互助会、工农联合会的农民兄弟得到了保护，川东工作队的其他同志也得以安全转移。敌人拷问不出任何有用线索，便决定将郝耀青等人由万县转押到重庆。

1949年5月初，郝耀青被押往重庆渣滓洞监狱，囚禁在底楼七号牢房。在狱中，敌人玩尽花招，软硬兼施，都未能使他屈服，更未能从他口中得到任何一点线索。这位年轻的共产党员，用实际行动实践了自己的入党誓言。

1949年11月底，重庆的远郊已响起了隆隆炮声。11月27日深夜，敌人来到渣滓洞监狱，将楼上8间牢房的难友们全部集中到楼下的7间牢房里。黎明前，敌人的机枪对准了牢房。何懋金、蒋开萍、郝耀青三位亲密战友，为了党的事业、民族的解放，并肩作战至生命的最后一刻。他们展现了共产党员勇敢坚贞、视死如归的革命气节。

从相信"科学救国"，到一步步坚实地走上革命道路，郝耀青用蓬勃的青春抒写着自己的理想。他是一个无畏的英雄，为了民族的事业，流尽了最后一滴鲜血。他的英灵在烈火中永生！

蒋开萍传[①]

蒋开萍烈士（1925—1949）

蒋开萍，重庆万县（今万州区）人，出身地主家庭。少年时代就读于万县私立致远中学、安徽中学。1945年夏，考入国立四川大学政治系，后加入进步学术团体"离离草社"和共产党的外围秘密组织民主青年协会，积极投身学生运动。1948年4月9日，受到上海学生"要饭吃，要和平，要自由；反饥饿，反内战，反迫害"运动的影响，参加了国立四川大学组织的"反饥饿、反内战、反迫害"群众斗争。1948年9月，因国民党当局加紧迫害进步学生，他被迫离校返回万县。回乡后与川大同学、中共川康特委派遣的川东工作队队长兼支部副书记何懋金取得联系，旋即参加川东

[①] 本篇传记主要参考了以下著作：（1）中共万县地委党史工作委员会编《碧血丹心》；（2）重庆市万州区龙宝移民开发区地方志编纂委员会编《万县市志》；（3）党跃武、陈光复主编《川大记忆——校史文献选辑（第4辑）》；（4）中共四川省委万县市委党史工委编《黎明前的壮歌：万州英烈》。

工作队，负责长岭乡一带的农民运动。同年10月，经何懋金介绍，加入中国共产党。为打开工作局面、取得农民的信任，他首先将一部分祖遗田产折价出卖给农民，随后走家串户，发动农民成立"土地会"（又称工农联合会），提出"抗丁、抗粮、抗捐、抗税""组织起来推翻国民党的反动统治"等口号，很快发展会员1400多人，并从中发展数名积极分子加入中国共产党，建立起党小组。1949年3月23日，他因叛徒出卖在万县商务印书馆楼上被捕①。5月初，他与先后被捕的何懋金、郝耀青被转押至渣滓洞监狱。在狱中，他经受敌特百般折磨，却始终拒绝写悔过书。11月27日，与同牢难友惨遭杀害，年仅24岁。②

大学前的岁月

1925年3月28日，蒋开萍出生在万县城郊的五桥乡。五桥乡坐落在万县的南岸，土质肥沃，四面环山，一条溪流横贯其间，直泻长江。他的父亲蒋天柱，有田地五十余亩。母亲谭明英，共生兄妹四人，他排行老二。他刚满入学年龄，就被父母送入长岭乡第二完小读书，指望他步入仕途、光宗耀祖。1938年，他父母来不及看到他的未来，就因病谢世。但他们也万万不会想到，自家二儿子会"背叛"家庭，产生新的追求。由于居住在长岭乡下，常常接触到农民群众，他从小就爱跨出自家院门和农民的孩子一起玩耍，但那时他只是一个顽童，对农民的困苦不甚了解。稍大了，他和穿着破烂的孩子在一起，渐渐萌生出一丝怜悯之心。慢慢地，他对农民不幸的遭遇和困顿处境深有体会，逐渐产生了同情之心。蒋开萍聪明早慧，父母去世后，破败的家境不仅加深了他对社会不公的认识，也形成了他直爽豪放、好打抱不平的性格。他下定决心，发愤图强，潜心学

---

① 中共万县地委党史工作委员会编《碧血丹心》，四川人民出版社，1990年。
② 重庆市万州区龙宝移民开发区地方志编纂委员会编《万县市志》，重庆出版社，2001年。

习，多次被评为优等生。

几年后，蒋开萍升入高小二年级。一天，一个姓陈的同学迟到了，正在上课的何先生立即罚他站着听课，他流着眼泪嗫嗫嚅嚅，说他今早帮家里忙了农活，所以才迟到了。何先生不仅不谅解，还走上前去打了他几个大耳光，使这个同学口鼻流血。全班同学见了，吓得不敢开腔，唯有蒋开萍猛地站起来，指责何先生。何先生便把怒火转向蒋开萍，伸出巴掌朝他打去。蒋开萍一面躲闪，一面大声痛骂，引得全班同学一阵哄笑。何先生无法，只好搬来校长。校长和何先生沆瀣一气，指责蒋开萍破坏了校规。在放学的时候，全校师生集合，当众宣布：重打蒋开萍屁股二十板，并叫另一名学生搬来木凳。蒋开萍忍无可忍，从学生队伍里跑出来，冲着校长大声喊道："坚决反对体罚学生！"说完飞一般地跑了。从此，无论家人怎样劝说，他再也不去上学了。

在家里，蒋开萍仍旧捧书自学。1937年秋，他考入万县私立致远中学念初中，毕业后考入万县安徽中学高中部。1937年"七七事变"以后，全面抗战开始，蒋开萍在潜心学习的同时时刻关注时局、关心国家民族命运。他阅读革命书刊，开始意识到中华民族正处于民族危亡的严重时刻。由于知识增多，蒋开萍眼界渐开。他在课余时间迷上了阅读鲁迅的作品，常常手捧《呐喊》《彷徨》，甚至忘了吃饭、睡觉。鲁迅塑造的狂人、闰土、祥林嫂等形象，使他感受到现实的残酷，他常在同学面前摆谈，言语中流露出对现实的不满。蒋开萍的言行引起语文老师张老师的注意，张老师很喜欢他，指导他阅读了不少进步书籍。一次，蒋开萍在一篇描写农民生活的作文中，一扫过去的缠绵情调、雕琢语言，朴实地写道："我们家乡的农民，一年四季面朝黄土、背朝天，收获的粮食堆成山，……但穿不暖来吃不饱，一旦天灾闹饥荒，死的死来逃的逃，而有少数这种人，游手好闲不劳作，还身穿绸缎体肥胖，这种现象何时了？何时了？"张老师阅后激动不已，在作文上批道："此文甚佳！甚佳！"在张老师的启迪下，他懂得了简单的革命道理。旧社会的丑恶和不公更是激发了蒋开萍对真理的渴求。天下公理何在？世上真理何在？随着年龄和学识的增长，他开始思索抗日救亡的真理和道路。

每年寒暑假，蒋开萍都在家中度过。他笃爱文学，经常凭窗而读，掩卷而思，从书中看到更多更深的道理。他一有空就会挽起袖子走出书房，帮院里的长工劳动，如锄草、担水、劈柴。他对农民讲："等不了多久了，在不久的将来，地是你们自己的，收割的粮食是你们自己的，再不用给别人缴谷子了。"他发现上小学的妹妹蒋俊侠喜好打扮、讲究穿戴，便对她说："妹妹，你要认真读书，不要讲穿好的。"

有一年寒假，眼见春节将至。蒋开萍的姐姐托人买了两个猪头，用盐腌起来准备春节吃。春节前夕，保长派几个乡丁到各家搜查，在查出蒋家有两个猪头后，硬说蒋家偷杀了两头肥猪没有扯票上税。蒋开萍见此情景，怒从心起，站出来与乡丁说理，说他们想借此抢走猪头、坑害良民，结果反遭一顿毒打。蒋开萍不服，立马跑到五桥乡政府，找乡长讲理。乡长和保长认为蒋家父母早逝，家境已经破落，不怕蒋家闹事，于是便叫人把蒋开萍撵了出去。蒋开萍在乡政府门口，见很多人在围观，便大声地演讲起来，以自己家中的事为引子，讲述了周边农民受害的经历，大胆揭露乡长的丑恶行径。乡长恼羞成怒，派出乡丁把蒋开萍捆绑起来，关进乡政府。后来，蒋开萍的姐姐到处托人说情，他才被放出来。这一段经历更加激发了蒋开萍对旧社会的不满。啊，天下公理何在？世上真理何在？他苦闷、彷徨、追寻……

川大洗礼

1945年，蒋开萍带着旧制度给他留下的创伤告别家乡，风尘仆仆地来到省城成都，跨进国立四川大学的校门，选学政治系。这年，正值日本帝国主义投降，抗日战争取得伟大胜利。在亿万人民庆祝十四年抗战胜利之际，内战阴云逐渐密布。时局之风，猛烈地吹进川大校园。川大各派政治力量日趋活跃，"中国向何处去？"成为各种思潮、各种"主义"舌战的焦点。

蒋开萍的国立四川大学学生学籍表

（图片来自四川大学校史馆）

当时，蒋开萍对革命还缺乏深刻的了解，也分辨不清谁是谁非。他受国民党政府的所谓"正统"教育影响，认为只有国民党右派才属"正宗"。就这样，在寝室、在食堂、在校外，他每与别人辩论时政，常争得面红耳赤，从不服输，还自以为真理掌握在自己手里。随着日月的变换，蒋介石残杀革命者和人民的狰狞面目越来越清晰，蒋开萍也从迷梦中惊醒，从"正统"的观念中解脱出来。眼前的黑暗现实使他联想到了家乡人民遭受的苦难，他为自己在追求真理时走过的歧途而感叹，并毅然决定探索一条新的救国之路。

在同乡好友、同级学友何懋金的影响下，蒋开萍加入了国立四川大学的一个进步学术团体"离离草社"。在社里，蒋开萍常常和社团成员一起阅读进步书籍，探讨时政，了解学习中国共产党的主张。在这个过程中，蒋开萍深刻认识到国民党政府的腐朽和无能，认识到只有共产党才能救中国，并立志成为一名共产党员。

蒋开萍性格热情活泼，积极参加各种宣传活动。他加入黎明歌唱团，跳秧歌舞，排秧歌剧《插秧谣》，大唱革命歌曲，用歌声调动同学们的革命热情和革命勇气，宣传革命真理。此外，他还领导过国立四川大学进步学术团体之一民风舞蹈社。

1947年秋，川大民协、民盟组织学生到培根火柴厂开办夜校宣传革命理论，蒋开萍和其他6名同学被邀请到培根火柴厂工人夜校任教。当时在该厂主持工作的就是成都解放前夕牺牲于十二桥的王干青烈士和南充市解放后首任市长袁观同志。他们放手让蒋开萍等国立四川大学学生接办工人夜校。蒋开萍等同学将学生运动与工人运动有力地结合起来，根据工人们的实际情况，由浅入深地教他们认字、读报、唱《大路歌》《锄头歌》等，以此宣传进步思想、革命真理。

1948年春，由同学陈为珍介绍，蒋开萍加入了党的外围革命组织民主青年协会，与川大同学章文伦、王泽沛一个小组。他与众多志同道合的青年知识分子一起到街头演讲，宣传革命理论，动员群众参加革命，还经常参加各种读书会和座谈会，并出席了国立四川大学学术团体联合会会议。民协的宗旨是贯彻执行毛泽东论述的新民主主义。在民协活动中，蒋开萍的眼界渐渐开阔，也更加坚信只有中国共产党才能救中国。于是，他手持真理之剑，多次站在斗争的前沿呐喊、冲刺。他投身学生运动，开展学运工作。经过一段时间的实践锻炼，蒋开萍逐渐成熟起来，他开始渴望进一步参与革命活动。

为响应党的号召，1948年4月，中共成都市委发动了"反饥饿、反内战、反压迫"的运动。蒋开萍按照组织安排，积极走在活动队伍前列，与国民党反动派斡旋，积累了丰富的斗争经验。1948年4月9日，蒋介石嫡系王陵基就任四川省政府主席。为了灭一灭这位"反共老手"的威风，在中共成都市委的领导下，蒋开萍等人以川大伙食团联合会的名义，要求省政府给学生发平价米，借机发动"反饥饿、反内战、反迫害"的群众运动。这天，蒋开萍一早就起来了，他串联同学参加大游行。他们一路上都不停地振臂呼喊，仿佛把对反动派的所有愤恨都倾注到口号声里。三四千人的游行队伍整齐地开到省政府附近。不料，王陵基早已做好镇压的准备，拒不接见学生代表。蒋开萍气极了，冲出游行队伍。省政府门口的一大群手持棍棒、刺刀的军警和特务，立即对他大打出手。军警和特务的残暴行为使走在队伍前面的200多名学生受伤，130多名学生当场被捕，酿成了"四九血案"。

棍棒的挥舞和刺刀的乱捅，使蒋开萍看透了蒋介石政权的反动本质。"四九血案"发生后，他不怕风险，毅然走出学校，积极参加宣传小组的活动，到成都各个中学发传单、做宣传，说明"四九血案"真相，揭露反动派的卑劣行径。一时间，"四九"运动得到全川、全国人民的支持。在社会舆论的压力下，王陵基不得不释放被捕学生，发给学生平价米。

组织农民运动

1948年9月，因国民党当局加紧迫害进步学生，蒋开萍被迫离校返回万县。他途经重庆时与地下工作者章文伦相见，向其倾诉了自己追求革命的愿望，使章文伦深受感动。蒋开萍回乡后与川大同学、中共川康特委派遣的川东工作队队长兼支部副书记何懋金取得联系，旋即参加川东工作队，负责长岭乡一带的农民运动。

蒋开萍根据党中央的指示，正式开始面向农村，发动群众，组织武装斗争，为迎接全国解放做准备。为了和组织保持联系，以便开展工作，好友何懋金成为他向组织传递工作动态的中间人。他常与何懋金、崔干平等书信往来，由他的妹妹代交到邮局。1948年10月，经何懋金介绍，中共万县党组织郑重地审查了蒋开萍在学校以及回乡后的表现，正式吸收他为中国共产党党员。在进行入党宣誓时，他激动得眼里滚出泪花。这是蒋开萍一生中的重要转折点，他的人生追求发生了根本性的改变。从此，他在党的带领下，为广大人民的解放事业舍生忘死、艰苦奋斗。

蒋开萍看着万县的许多乡亲们仍过着挨冻挨饿的困顿生活，深切意识到农民不幸的根源所在。作为一名共产党人，他下定决心向大家揭露反动派的罪恶，继而宣传党的土地政策，宣传目前解放战争的大好形势。他用"一根筷子易折，一把筷子难断"的比喻，形象地指出团结的力量，鼓励农民组织起来，为争取自己的利益而奋斗。他希望以此调动农民革命积极性，将劳苦大众从苦难中解放出来。

蒋开萍首先进行了自我革命。为了改善部分农民的生活，他将一部分祖遗田产折价卖给农民，让"耕者有其田"。同时，他也意识到这种做法虽然能一时解救部分农民，换取贫苦农民的信任，但并不是长久之计，只有实现彻底解放，农民才能过上真正的好日子。

因此，为了团结农民、组织农民，蒋开萍成立了"土地会"（又称工农联合会），鼓励农民以"土地会"为革命据点，抗丁、抗粮、抗捐、抗税，进行换工互助，为争取自己的利益而斗争。其主张是农民都是土地的主人，土地的命运由自己主宰。为了不被敌特发现，他们对外宣称成立"土地会"的目的是组织农民敬拜土地神，以祈求丰年，给"土地会"涂上了一层封建迷信的色彩。经过蒋开萍的努力，农民们的阶级觉悟得到了启发，他们认识到了自身的价值和力量，便互相串联，纷纷要求加入"土地会"。蒋开萍深谙"单丝不成线，独木不成林"的道理，认为只有尽可能多地发动农民朋友、壮大土地会势力，革命活动才能胜利。为此，他走遍了万县的每一个角落，在人迹罕至的荒山野岭和悬崖峭壁都留下了足迹。他一边考察万县的风土人情，一边将党的精神传递给每一个农民。他与农民朋友们围坐在一起，亲切地称他们为大叔、婶婶，教他们唱革命歌、喊革命口号，在家长里短中宣传革命精神。当时正值寒冬，蒋开萍冒着刺骨的寒风一家一户地走访。在他的不懈努力下，"土地会"短短数月时间从原本的十多人迅速地发展到1400人左右，辐射范围从最初五桥的龚家、陆家，太龙的滴水等地扩展到长岭的黎树，万县的白羊，凉水的双龙、石人等地，万县的革命力量不断壮大。

除深入群众领导农民运动之外，蒋开萍也格外重视对乡里上层人士的思想引导工作。他将目光转向了当时的长岭乡乡长兼国民党万县市参议员蒋佐伯。不论是在万县还是在国民党内部，蒋佐伯都极具影响力。蒋开萍认真分析了蒋佐伯各方面的情况，认为只要做通蒋佐伯的工作，以蒋氏的影响力，将会号召更多的人投身革命事业。蒋开萍不顾个人安危，亲自前往蒋佐伯家拜访，从各个方面为蒋佐伯分析当前形势、革命前景，打消了他的疑虑。在蒋开萍的多次开导和教育下，蒋佐伯终于弃暗投明，开始转向共产党。

被捕经过

1949年春，革命形势急变，人民解放大军即将横渡长江，解放江南。但盘踞在大西南的国民党反动派却疯狂地镇压人民革命运动，四处抓捕共产党人。是时，面对组织起来的广大农民，蒋开萍又提出新的设想，与何懋金、崔干平等商议，建立农民武装，搞武装斗争。他把这个想法告诉了"土地会"负责人，经研究决定首先抢夺五桥、长岭两个乡政府的枪支弹药。①

随着万县革命力量的不断壮大，国民党将魔爪伸向了这里。谁也不会想到，正当五桥、长岭的农民运动蓬勃发展的时候，成都出了叛徒。1948年10月，蒋开萍的一位同学、民协会员王某被捕后，出卖了蒋开萍、何懋金、郝耀青。国民党四川省特委会当即向万县特委会下了一道密令："查成都四川大学万县籍学生蒋开萍、何懋金、郝耀青三人。他们在该校进行共产党活动，秘密组织新民主主义研究（协）会。为本统察觉，正拟传讯，突然闻风潜逃，可能回万县潜伏活动……饬该令火速派员查缉，归案法办。"接收到密令的万县中统特务随即对蒋开萍开展监视工作。

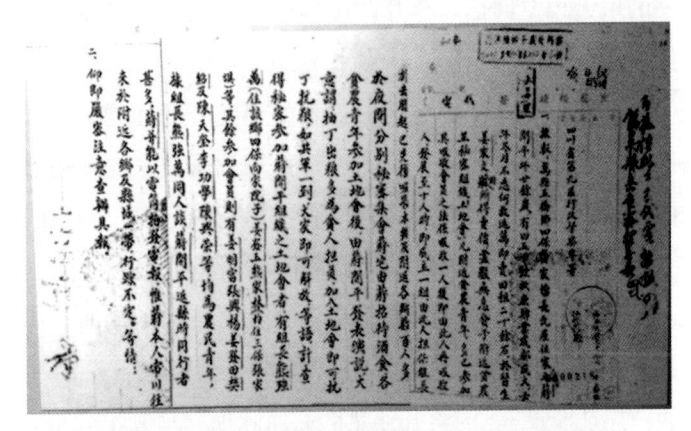

重庆绥靖公署令万县第九区专署密查蒋开萍活动的电文
（图片来自四川大学校史馆）

1949年春，严冬虽过，春寒却至。蒋开萍在日夜奔走中，总觉得身后有一双贼溜溜的眼睛在盯着他，他敏感地发现了自己处境的危险，甚至他的亲人也感觉到了这一点。但他却仍在为革命事业日夜奔波，料峭春寒阻挡不住他匆忙的步伐。身边的亲友也曾劝说过他，希望他能考虑一下自身的安危，但是蒋开萍义正词严地回答道："我躲起来了，谁来完成任务？

---

① 此为蒋俊侠回忆。

谁与其他同学取得联系？"

1949年3月23日，蒋开萍根据党组织的安排和指示，照常进城与土地会成员接头，向他们传达信息，不料敌人早已掌握蒋开萍的行动路线，在万县环城路商务印书馆埋伏等候，将其逮捕，并将他临时关押在县文教局后面的图书馆里。当晚，敌人对他进行了提审，他们满以为像他这样一个地主家的少爷、一个文弱书生是最容易屈服的，但他们没有料到的是，蒋开萍早已做好了为党献身的准备。无论他们使出多么残酷的毒刑，蒋开萍只承认自己加入过民协，拒不承认自己是中国共产党党员，即使敌人采用最狠毒的电刑，他仍然守口如瓶，拒不吐露党的任何信息。根据与蒋开萍一起读书的川大校友回忆，蒋开萍被捕后，川大的万县籍同学也做了许多营救工作，但未能成功。[①]

即使身陷囹圄，蒋开萍也时刻思索着如何向外面的同志传递消息。一天，趁着被特务押出来放风的空当，蒋开萍遇到了前来探视何懋金的何咏梅夫妇。他意识到机会来了，便高声喊道："我很想把事情赶快搞清楚了，出去理个发，把头发吹（崔）得干干净净的。"他又说："还要把这黑（郝）胡子圈理得光溜溜的。"原来，在各乡开展革命活动时，为了不被敌人发现，蒋开萍便给大家起了外号掩饰身份，他称崔干平为"崔胡子"，称郝耀青为"黑胡子圈"。与蒋开萍熟识的何咏梅立马领悟到蒋开萍是在暗示她郝耀青、崔干平处境危险。蒋开萍怕何咏梅没有理解自己的意图，又趁着特务走神的间隙，拾起脚边的瓦片并刻上"刮胡走"，将其扔向何咏梅夫妇，再次暗示他们立马通知崔、郝二人赶快撤离。尽管蒋开萍为保护战友郝耀青尽了最大努力，但由于叛徒出卖，郝耀青最终仍然不幸被捕。

---

① 中国人民政治协商会议重庆市万州区委员会文史学习委员会编《万州文史资料 第1辑》，1999年。

壮烈牺牲

1949年5月初，蒋开萍、何懋金以及郝耀青三位因共同的革命理想而成为挚友的川大校友，被敌人押至渣滓洞监狱。在狱中，他们三人相互鼓励、共同战斗。即使处在极为恶劣的环境中，蒋开萍依旧刻苦学习，为将来出狱后建设新中国做准备。面对敌人一次又一次的严刑拷打，他依旧意志坚定，咬紧牙关，拒绝写悔过书，以血肉之躯严守党的一切秘密。何懋金给狱外朋友的信中表明，蒋开萍没有任何口供，更未出卖任何人。

1949年11月27日深夜，大批特务突然来到渣滓洞监狱，将蒋开萍等人全部集中到一起。没等大家反应过来，特务们便从牢房两头开始扫射，蒋开萍与其他革命志士被集体屠杀在渣滓洞，时年24岁。蒋开萍，忠诚的共产主义战士，直到临死的那一刻都在高呼"中国共产党万岁""打倒反动派"。

万县的革命事业并没有因为蒋开萍烈士的牺牲而就此止步。万县地下组织与"土地会"取得联系，在迎接解放万县的斗争中，起到了应有的作用。五桥乡、长岭乡一带的农民运动在党组织的带领下，星星之火终成燎原之势。蒋开萍以年轻生命走过了革命的、战斗的、辉煌的人生道路，为中国的革命贡献了一切。24个春秋是短暂的，但他的精神永垂不朽，激励着后来人继续前进！

位于重庆市万州区甘宁镇新农村七社的油坊湾烈士纪念碑

(图片来自重庆党史网)

黄宁康传[1]

黄宁康烈士（1905—1949）

黄宁康，名贞福，字云初，岳池县西板人。1927年，考入公立四川大学农学院。1930年夏，四川军阀在成都镇压学生运动，他当时是学联代表，与其他代表一起，向反动当局提出抗议，遂被扣押。后来在全市学生声援下，得以释放回校。这年秋，他加入了中国共产党。1932年他从川大毕业后，到南充县老君乡小学任教，秘密发展地下组织成员。一次去南部县活动时被捕，终因无据被释放。出狱后，他向南充中心县委汇报了被捕经过。组织上考虑到他的安全，改派他任中共岳池县特支书记，和何朴村

---

[1] 本篇主要参考了金青禾主编、四川省岳池县志编撰委员会编《岳池县志1911—1985》，中共南充地委党史工作委员会编《华蓥山游击队》。

一起到岳池开展地下工作。1934年初,因叛徒出卖,他在岳池又遭逮捕,后被取保释放。由于他与上级失去联系,且身份已经暴露,无法在岳池立足,故只好出走。他先后到南充、威远、武胜、三台、遂宁等地的农业推广所任农艺师。1947年回到岳池,中共岳池支部书记蔡依渠恢复了他的组织关系,并让他负责统战工作。黄宁康日夜奔走于南充、岳池之间,联络人员,购买枪弹,为岳池、武胜起义做准备。1948年7月,蔡依渠在新场被扣押,黄宁康与周殖繁等积极营救,使蔡得以迅速脱险。三溪起义后,敌人疯狂搜捕地下党员。1948年8月25日,黄宁康与周殖繁在岳池白庙街上被捕。黄宁康被关押在岳池期间,敌人为了软化他,将其妻叫来劝降。黄宁康一见妻子便说:"不要为我难过,既然落到敌人手里,不过一死而已……"敌人无奈,于10月4日将他押送重庆渣滓洞监狱。黄宁康在狱中面对敌人淫威毫不畏惧,于1949年11月27日在渣滓洞英勇牺牲。

思想成熟于川大

1920年,黄宁康以优异成绩考入南充中学,时任南充中学校长的是近代著名民主革命家和教育家张澜先生。张澜曾游学日本并有着丰富的教学实践经验,在南充中学时倡导学用结合,创办了《民主日报》宣传民主思想,力图培养一批合乎时代要求的新青年。1921年,为传播新文化新思想,张澜聘请了著名无产阶级革命家和教育家吴玉章担任川北自治讲习会讲师,宣传人民权利理论和民主共和思想。在张澜、吴玉章等革命家的影响下,黄宁康的思想发生了深刻的变化,他逐渐成为一名赤诚的革命者。在"学用结合"的治学理念下,黄宁康不再只是埋头书本。他脱下长袍,参加校内劳动,并与其他志同道合的好友一起学习民主思想、宣传民主政治。蒋介石发动"四一二"反革命政变之后,大批共产党员和革命人士、工农群众遭到残酷镇压。黄宁康义愤填膺,痛骂蒋介石和地方军阀是一丘之貉。

1927年，黄宁康成为公立四川大学农学院的一名学生，在兼容并包的校园氛围中，他更加热情、主动地投身于进步事业，积极参加进步学生集会。当时党领导的学生社团协进社是进步青年学习、交流和宣传民主思想的重要阵地，黄宁康很快参与其中并成为骨干。他时常带领和号召进步青年用游行反抗地方军阀的暴虐统治，不久便被选为学联代表。

1930年春，由于军阀的横征暴敛，摧残教育，成都市民举行了教育经费独立运动。黄宁康带领一批学生参加了这次运动，并登台演讲，谴责军阀的残暴统治，与敌人作坚决的斗争。不久以后，在少城公园保路纪念碑前举行的一次抨击蒋介石和地方军阀挑起内战、克扣教育经费、摧残教育事业、迫害进步师生的集会上，黄宁康不畏街道两边密布的军警，带头振臂高呼，带领游行队伍一直向省政府前进。经过他们的坚决斗争，省政府被迫答应师生的正当要求。事后，当时统治川西的刘文辉、田颂尧、邓锡侯三大军阀，加紧了对学生运动的镇压，制造了镇压学生运动的惨案。黄宁康撰写文章揭露反动当局的罪恶行径，并作为学联代表与反动当局说理。反动当局恼羞成怒，竟将黄宁康等人抓了起来，关押在三军联合办事处，后转移到民办大学。黄宁康理直气壮地质问反动当局："总理遗嘱何在？民主自由何求？"这一番质问使敌人理屈词穷，无言以对。后在成都大中学生的强烈要求下，反动政府不得不将黄宁康释放。

在被释放后，黄宁康的革命热情不但没有消减，反而日益高涨。他深刻意识到军阀政府的腐败无能和无可救药，愈发坚定走民主革命道路的决心。黄宁康的积极表现和组织才能引起了党组织的重视。党组织经多方考察，认为他已具备成为中共党员的条件。在张先齐的介绍下，1930年秋，黄宁康正式成为一名共产党员，这也标志着黄宁康的革命思想真正走向成熟。从此，他在党组织的领导下，作为忠诚的共产主义战士，从事党的工作，开始了朝气蓬勃的战斗生活。

赤子之心　慧胆过人

1932年，黄宁康从四川大学毕业后，到南充县老君乡小学任教，在党的安排下正式开始革命工作，秘密发展地下组织成员。从南充、岳池到广安，无论是"升钟寺起义"（升保暴动），还是华蓥山武装起义，都留下了黄宁康的革命足迹。其间他曾两次被捕，但是他一刻都没有停止过对敌人的斗争。

黄宁康以教师身份为掩护，广交朋友，传播革命思想，宣传马克思列宁主义，鼓励学生学用结合、关心时政、解放思想，利用党的宣传刊物积极传播革命理论，为党组织培育了一批有识之士。在南部县工作时，他深知当地经济剥削和政治压迫十分严重，群众苦难深重。他建立农会，发动群众抗租、抗捐、抗税，拒交军粮税和田亩捐，反抗地主豪绅和地方军阀。在党组织的长期部署下，南部地区农民运动发展迅猛，革命力量逐渐壮大。在这样的背景下，中共南充中心县委认真分析了政治形势，决定"立即爆发南部游击战争"，震撼川北大地的"升钟寺起义"随之开展。起义虽然沉重地打击了敌人，动摇了区乡反动统治，但是由于反动势力过于强大，在地方军阀的联合"围剿"下，起义最终以失败告终，黄宁康也因叛徒出卖而被捕。面对敌人的严刑逼供，黄宁康否认自己是一名共产党员，坚决不吐露任何关于党的消息，只说自己刚到南部县谋职，以求供养家中病残的老母亲。因找不到证据，几个月后敌人只好把他释放。

出狱后，黄宁康立即请求党组织对自己进行审查，并如实汇报被捕的遭遇。组织上经过了解，很快恢复了他的组织关系。党组织考虑到黄宁康的安全问题，决定派他前往家乡岳池工作。回到家乡的黄宁康，按照党组织交给他的任务，一方面与青年学生畅谈进步思想，宣传革命理念，鼓舞了众多青年学生成为马克思主义的追随者和党的事业的建设者；另一方面，担任中共岳池县特支书记的他，不断学习其他地区党组织建设的先进经验，结合岳池县群众运动的实际需要，健全党组织，壮大党组织的战斗力。当了解到岳池中学师生普遍对现实不满、厌恶反动政府制定的考试制度时，他迅速部署了一次旨在打击反动统治的"反统考运动"，使反动当局惊慌失措。

正当岳池县的革命力量不断壮大时，1934年初，黄宁康再一次被叛徒出卖，被敌人逮捕入狱。被捕时，黄宁康显得极其淡定，他明白自己早已不是当初那个涉世未深的热血青年，他不再高声呵斥敌人，反而极力寻找敌人的破绽，来掩饰自己的身份。敌人曾劝导黄宁康说："你既不是共产党，又没做过反对国民党的事，那就写份悔过书取保释放嘛！"黄宁康斥责叛徒是"钻米虫""粪桶"，是"披着人皮的豺狼"，弄得叛徒非常狼狈。同时，他还反问敌人："既然我不是你要抓的共产党，又为什么要写悔过书呢？悔什么过呀？"敌人没法，只能将其释放。

因岳池县特支委遭严重破坏，黄宁康一时找不到党组织。为了重新回到党组织的怀抱，黄宁康不得不离开岳池，踏上寻找党组织的漫长旅途。他远走南充、威远、三台、遂宁等地，这一走就是十余年。这期间即使没有党组织的指导，黄宁康也时刻不忘作为一名共产党员的责任和使命，每到一地，他都会一边设法寻找党组织，一边发动进步青年组织读书会，开展抗日救国的宣传，发动群众与国民党顽固派作斗争。因此，每到一处，黄宁康都会被当局视为"危险分子"加以防范。这期间，黄宁康与志趣相投的小学教师赵完璧完婚。黄宁康在极端清苦的生活中，仍时刻不忘革命，矢志不渝。一天，黄宁康收到妻子所在单位寄来的一封信，他拆开一看，里面竟是妻子的国民党党员证。原来国民党要党化全国，凡公教人员，勒令一律参加国民党或三青团。学校校长为保住他妻子的工作，便趁他不在家时让她填了表。黄宁康严肃地批评了妻子，并让她退出国民党。经过十余年的不懈努力，1947年5月，黄宁康找到了在岳池工作的党组织负责人蔡依渠，通过他与党组织接上了关系。蔡依渠恢复了他的组织关系，并让他负责统战工作。

重新回到党的怀抱后，黄宁康以前所未有的热情投身于党的事业。当时，川东地区的国民党正规军被大批调走，党对四川的工作指示中提到四川农村民不聊生、民变四起，起义的条件已经成熟，决定在华蓥山地区展开联合武装起义。为筹集起义资金和购买枪支弹药，黄宁康奔走于南充和岳池之间，一边做中上层人士的思想工作，一边卖掉自己的私产筹款。他的妻子后来在回忆这段时期的生活时，无限感慨地说："他在困难的时候，坚定不移；工作的时候，热情洋溢。他对革命事业忠心耿耿，使我深受感动。"

义胆忠心　长眠歌乐

1948年4月，由于中共重庆市工委书记刘国定、副书记冉益智被捕后叛变，重庆党组织和上下川东地区及上海等地的党组织遭受重大损失，华蓥山地区大批党员和进步人士接连被捕，并牵连了许多无辜百姓。1948年7月，蔡依渠在新场被扣押，黄宁康与周殖繁等积极营救，使蔡得以迅速脱险。8月17日，由蔡依渠、蒋可然领导的第八支队在武胜县三溪乡起义，经过激战，游击队不支，撤到报国寺时不幸与敌人相遇，以蔡依渠为首的数名队员被捕。黄宁康冒着生命危险成功救出蔡依渠等人，但他大胆的举动也落入反动派眼中。8月25日，黄宁康与周殖繁在岳池白庙街上被捕。他被关押在岳池期间，敌人为了软化他，将其妻叫来劝降。黄宁康一见妻子便说："不要为我难过，既然落到敌人手里，不过一死而已……"敌人无奈，于10月4日将他押送至重庆渣滓洞监狱。

在渣滓洞中，黄宁康与战友们同仇敌忾，怀着对革命胜利的憧憬与敌人展开了新的斗争，直到生命的最后一刻。1949年11月27日，黄宁康在渣滓洞遇难。这位不屈不挠、忠贞不渝的共产党员牺牲时年仅44岁，他用青春和热血谱写了一曲壮烈的正义之歌。

黄宁康牺牲后，生前一好友写诗悼念："马列指引，步入革命。面对凶敌，立场坚定。四次入狱，忠贞不渝。碧血丹心，为党为民。"这是对黄宁康烈士生平的真实写照。黄宁康和战友们牺牲在黎明前夕，虽然没能看到家乡的解放，但是共和国的旗帜上永远闪烁着他们风采。英雄的热血并没有随时光而湮没，党和人民没有忘记这些为新中国默默付出的英雄。1984年7月，四川省人民政府追认黄宁康为光荣的革命烈士，将他的遗骨迁至重庆歌乐山烈士陵园，将他的英雄事迹镌刻在烈士纪念碑上，把他的英雄业绩展出在陈列馆中，让他世世代代为后人敬仰。

胡其恩传

胡其恩烈士（1919—1949）

胡其恩，四川简阳人，曾就读于国立四川大学农经系。他曾参加中共领导的"成都职业联谊会"，积极从事反内战的爱国民主运动。1948年5月，因写信慰问成都学生运动中受伤的学生，被特务跟踪并在重庆被捕。

在一堆看似普通的红岩英烈遗物中，有一颗用牙刷柄磨成的"红心"格外引人注目。这颗"红心"是胡其恩烈士当年在渣滓洞监狱里躲开特务搜查偷偷磨制的。虽然它看上去普普通通，布满历史陈迹，却象征着胡其恩对中国共产党和中国人民忠诚无悔、至死不渝。

1949年重庆解放前夕，国民党反动派开始陆续对革命者进行戕害，蒋介石密令对囚禁在白公馆、渣滓洞等监狱中的革命志士进行大规模屠杀，制造了惨无人道的重庆"一一·二七"大屠杀。数百名革命者在敌人密集的枪声中高呼革命口号，倒在血泊中。胡其恩就是其中的一员。

正直的进步青年

胡其恩，男，又名胡佑、胡蕲，原籍四川省简阳县（现简阳市）石桥镇陈家沟，1919年1月2日出生于成都。家里共有兄妹五人，胡其恩居长。他自幼聪明过人，四岁入学，十岁考入成都县中，十四岁考进成都联立中学读高中，从小到大成绩都十分优异。中学时期，他不囿于书本知识，阅读了不少进步刊物。临近高中毕业时，因反对学校为国民党某反动官员举办纪念会，他和二十多个同学被学校开除学籍。家长们找学校说理，要求校方给这些学生发放毕业证书。学校一方面为了避免把事情闹大，答应了家长们的要求；另一方面却耍尽花招，给他们印发了另一所名气较差的学校（成都成公中学）的毕业证书。对此，胡其恩看得透彻和淡然：" 反正我把东西学到手了，管你发哪个学校的毕业证书。"

青年时代的胡其恩

（图片来自四川大学校史馆）

1937年，胡其恩的同学李大中欲去延安参与革命工作，因家里不同意，打算私自逃走。一天，李大中来跟胡其恩道别，胡其恩便把父亲给他新做的一件驼绒大衣送给李大中以示珍重。后胡父知道此事，把他打了一顿。

高中毕业后，学习勤奋刻苦的胡其恩于1939年考入国立四川大学农学院农经系。四川大学有着悠久的红色历史和光荣的革命传统，历来是"四川进步势力的大本营"和"西南一带传播革命种子的园地"，更是马克思主义在中国早期传播的发源地之一。在校读书期间，胡其恩积极追求进步和新知，阅读了《大众哲学》《辩证唯物主义》以及列宁、斯大林的著作等大量进步书籍，进一步受到了革命思想的感染和熏陶，并积极组织和参加学生运动。

两年后，因父亲生病，家境艰难，胡其恩无奈辍学。离开大学踏入社会以后，胡其恩从来没有停歇追求进步的脚步，仍然坚持自学，寻求真理，积极关心国家时政。

"解放区"阅读《新华日报》

1941年冬，胡其恩考入中国农民银行重庆分行第一期训练班，并于翌年一季度顺利毕业。无论身处何地，他始终关心家国大事，博览群书，潜心研读马克思的《资本论》和斯大林主持编写的《联共（布）党史简明教程》等著作，寻找救国家于水火之真理。因不满于国民党当局贪污腐败、消极抗日、积极反共的行径，他曾表示"国民党腐败无能，非推翻不可"。

从训练班毕业后，胡其恩被分配到中国农民银行成都分行当职员。在工作之余他订阅了《新华日报》，认真学习毛泽东的《论联合政府》等著作，深受马克思主义思想的影响。与他相处过的同事都认为"胡其恩为人正直，作风谦虚，有正确的政治见解"。

1945年抗日战争胜利后，胡其恩和所有渴望和平的人一样欢欣鼓舞。但是国共之间矛盾不断升温，国民党反动派发动全面内战，掀起"反共浊浪"。为了取得美国援助以支持其反共内战，国民党甚至实行崇美的外交政策，不惜出卖民族利益和国家主权。在抗日战争胜利后的一年多时间里，国民党政府与美国政府签订了十多个不平等条约和协定。国民党政府的倒行逆施和美军在中国的横行霸道，激起了全国各族人民的无比愤怒和强烈反对。

作为一名进步青年，胡其恩积极投身到反蒋反内战的群众运动之中。他主动邀请志同道合的青年职员在下午下班后到他宿舍看进步书报，收听延安广播，了解战地消息，讨论国家形势，学习革命理论，并专门给自己的宿舍取名为"解放区"。在讨论中，胡其恩经常抨击国民党反动当局的黑暗统治，坚信黑暗即将过去，光明的中国一定会在共产党的领导下建立起来。后来，国民党特务破坏了成都《新华日报》发行点，禁止民众阅读《新华日报》，胡其恩便冒着被特务跟踪和抓捕的危险，身着长袍，夜间到秘密点去取报纸，藏在衣服里，带回宿舍给朋友们阅览，以便于大家及时了解解放区的最新形势和解放军进军的相关情况。

加入"成都职业联谊会"

1946年初，胡其恩加入了由地下党领导的进步团体"成都职业联谊会"，踊跃投身革命运动。他经常去聆听知名爱国人士主讲的各类形势政策报告会。同年，在这个进步团体里，胡其恩聆听了冯玉祥将军的夫人李德全和民主人士张东荪等作的国际国内形势报告，深受影响和启发。7月，胡其恩参加了被国民党特务暗杀的著名爱国民主人士李公朴、闻一多的追悼会，更增强了他对以蒋介石为首的国民党反动派的愤懑，坚定了他前往延安投身革命的想法。

因胡父亡故，照顾家中老母和四个弟妹的责任落到胡其恩的肩上，他投奔延安的想法被迫中断，未能如愿。在家中他勇敢挑起养家的担子，经常对弟弟妹妹们讲："你们要好好学习，天快亮了。"他还不时带回《新华日报》和一些进步书刊给弟妹们阅读学习。他与时俱进的思想观念和无惧生死的行为表现，对弟弟妹妹们的影响和感染颇大。当得知陶行知先生正为创办育才学校筹募经费，并知道其受共产党支持后，胡其恩不仅带头捐款，还积极组织募捐活动。与之同时，当银行里有人发起要为蒋介石筹建纪念堂募捐时，他则拒不签名也不捐款，并且公然进行反对，把发起者弄得灰头土脸、下不了台。胡其恩这些黑白分明的举动虽然得到了群众的普遍支持，却为银行上司所不能容忍，也遭到反动政府的注意和仇视。1946年冬，上司借故将他调离成都，派往南充工作。在南充，胡其恩被视为"危险人物"，经常遭受特务跟踪。其间，他曾给家里写信，说要调回老家简阳，并准备将母亲和弟妹们从成都接回简阳。可是半年之后，胡其恩又被调到重庆北碚的中国农民银行，回简阳的愿望就此作罢。

到重庆后，单位里有些同事受国民党反动宣传的影响，对共产党及其领导下的解放区存在误解，甚至心生忌惮和害怕。胡其恩赶紧对他们进行解释，给他们宣传讲述解放区人民的自由、幸福生活。他说："共产党来了，只会好，不会坏，你我都用不着害怕。"

声援成都革命运动

1948年初，随着人民解放战争的节节胜利，国民党加紧了对国统区人民群众的压迫，给国统区造成了严重的经济危机，一时间货币贬值、物价飞涨，人民群众生活在水深火热之中，挣扎在死亡线上。就在此时，蒋介石下令四川加征粮食100万担，征兵数十万，以挽救其战场上的步步溃败，并将他的亲信、反共老手王陵基调到四川担任省政府主席。王陵基的铁血手腕和"黑历史"可谓恶名远播、臭名昭著：在20世纪30年代初，王陵基担任重庆警备司令时，曾制造了震惊全国的"三三一"惨案，他搜捕杀害多名共产党人，被老百姓暗地里称为"王屠夫"。

白色恐怖笼罩下的四川乌云密布，成都人民掀起了反蒋反美的浪潮，一浪高过一浪。胡其恩虽然离开了成都，但他与成都的同事、朋友仍然保持着密切联系，经常进行书信往来，及时了解成都民主运动的动态，积极声援以川大学子为主体的成都学生运动。

1948年4月初，以川大学生为主体的广大成都学生开展了"反饥饿、反内战、反迫害"的游行示威运动，将矛头直指省主席王陵基，这是继昆明"李闻事件"后，在西南地区掀起的又一场规模较大的民主运动，在成都学运史上留下了浓墨重彩的一笔。这场斗争的导火线是1947年底蒋介石政府颁布的一项不得人心的政策：从1948年1月起，停止对大专院校学生供应平价米。政策一经公布，立即引起全国大专院校学生的强烈反对，学生们纷纷起来请愿游行，要求当局收回成命。"这把火"首先由平津地区大学生烧起，逐渐形成燎原之势，一直烧到大江南北。一时间，以"反饥饿、争温饱，反内战、争和平"为主题的全国大学生运动风起云涌，席卷全国。

1948年成都的"四九"运动就是在这样的时代背景下形成的。该运动首先由国立四川大学发起，联合了华西协合大学、省立体专、省立音专、省立会专以及南虹艺专、成华大学等学校。4月9日这天早晨，天空中飘着些微云，太阳微弱的光芒驱不散这暮春的寒意。此刻，坐落在三瓦窑府河边的四川大学新生院校园里，几所大专院校学生全体集合整队，准备趁新主席举行就职典礼之际，到督院街省府举行声势浩大的请愿游行。

当天上午，四川大学校本部大操场上已经是人头攒动，手旗招展，大约有三千人。川大队伍排在最前面，高举着白底黑字"反饥饿、争温饱，反内战、争和平"的横幅大标语。其他院校的横幅标语有："我们要温饱，我们要和平""坚决反对取消平价米的政策""全国大学生团结起来争温饱、争和平"。就这样，一场大规模的请愿游行开始了。

请愿游行运动最终遭到了国民党军警的残酷镇压，导致有的学生在游行中被军警刺伤，住进了医院。时刻关注着成都学生运动的胡其恩，得知有母校同学游行受伤的消息后，立即写了一封慰问信，悲愤激昂地痛斥国民党反动派的罪恶行径，同时，还邮寄了一百元钱援助受伤住院的同学。不幸的是，这封信被截获，落到了特务手里，特务还查出了他汇款去香港书店邮购进步书籍的汇款单。

渣滓洞里磨"红心"

　　此时的山城重庆，特务横行，军警称霸，充斥着白色恐怖，憋得人们喘不过气来。1948 年 5 月 14 日上午，一个陌生人突然到北碚的中国农民银行柜台外问道："你们这里有个胡其恩吗？成都有人会他。"不明就里的同事知道胡其恩是从成都调来的，便没有多想，随口应了一声，就把胡其恩喊了出来。浑然不知的胡其恩跟着那个人一起到主任办公室去了一趟，一会儿转回到柜台后，他对同事们说："奇怪，那个人约我到外面去吃茶，但我并不认识他。"下班后，胡其恩就这样不明就里地被国民党重庆警备司令部当作共产党嫌疑分子秘密逮捕，被关押进重庆渣滓洞监狱。

　　在令人极度压抑、被人称为"活棺材"的渣滓洞监狱里，胡其恩依然保持着坚定的信念和革命乐观主义精神，仍然坚持学习马列主义真理，并不断了解当下解放战争的形势，不断加深对革命的认识。即便是在狱中最艰难、最难熬的关头，他也毫不气馁，时常对难友们说"不要紧，一切都会好的"。这句话也逐渐成了他的口头禅。他积极参加难友们"争饮水""绝食"斗争，为同是难友的新四军战士龙光章举行追悼会的斗争，反对特务随意打骂难友。正是这种坚定的革命信念和对时局的清醒认识，使他深受难友们的信任。

　　胡其恩还担任了单线传递消息的秘密联络员，为共产党员余祖胜（即《红岩》中主要人物余新江的原型）与难友们传递消息、沟通情况，因此被大家亲切地称为"胡二嫂"。余祖胜被转到楼上二囚室后，常常把楼上的消息传递给胡其恩，胡其恩再传递给其他难友。这种单线传递消息的行动是狱中难友针对敌人不许"政治犯"交头接耳、传递纸条而开展的反封锁斗争。

　　胡其恩在传递解放军展开淮海战役、"百万雄师过大江"等大快人心的消息时,他用"万炮齐轰"一词来形容这场伟大的胜利,带给难友们强烈的震撼和巨大的鼓舞。在欣喜若狂中,胡其恩用红色牙刷柄磨制出一颗"红心",托人转交给他的一位亲密战友作纪念,以示他热爱共产党、忠于人民的一颗"红心"至死不渝、永不褪色。

1949年11月27日,就在重庆迎来解放的三天前,在国民党反动当局谋划的渣滓洞大屠杀中,胡其恩和其他200多名革命者一道,倒在了敌人密集的枪声中。他没有机会呼吸到日夜盼望的新中国自由的空气,更无法亲眼见证今日中国的"江河安澜",便惨死在了敌人血腥的枪口之下,时年30岁。但冬天来了,春天还会远吗?

"天终于亮了"

三天过后,重庆终获解放。不久之后,成都也迎来了解放。当解放大军在成都驷马桥举行声势浩大的入城游行仪式时,胡其恩母校四川大学的欢迎队伍高举着横幅标语:"成都天亮了!"胡其恩等仁人志士曾日思夜想的"天亮"终于来临了。1985年10月15日,四川省人民政府追认胡其恩为革命烈士。

"当民族期待英雄,当时代呼唤先锋,他们挺身而出、舍生取义,勇当家国天下事。""他们是四川英烈的代表,他们是中华儿女挺直的脊梁,他们是莘莘学子前进的榜样。""暗无天日的渣滓洞监狱,囚禁着革命志士们的躯体,却无法禁锢志士们的思想和意志,得知新中国成立,他们万分激动,赶制出了想象中的五星红旗。"……数年后,传来了无数四川大学青年学子对这些"红岩英烈"校友的深情缅怀、无限追思和坚定传承。"我们会接过你们手中的接力棒,无惧困难,奔向新时代的远方!"

艾文宣传

艾文宣烈士（1913—1949）

艾文宣，男，又名回哲（一说白哲），笔名境殊、孙恒、铁生。1913年出生于四川省广安县太平乡（今广安市广安区兴平镇）一个没落的地主家庭。少年时期在其伯父门下学习"四书五经"等传统文化知识，后深受进步思想的浸染，先后进入复旦大学、四川大学求学。曾在家乡从事革命活动。1948年参加中共地下组织发动的武装起义，不幸被捕入狱，关押于重庆渣滓洞监狱。1949年11月27日，惨死在敌人的屠刀之下，壮烈牺牲。

少年时期"以笔为戈"

1928年，艾文宣进入岳池县立中学就读，在此期间，他开始接触大量进步刊物，进步思想就此萌芽。1931年，艾文宣考入南充嘉陵高中学习。

日本帝国主义在这一年秋天发动了震惊中外的"九一八"事变，国家积贫积弱的现状以及列强趁虚而入所致的内忧外患让这位热血青年既感到悲愤，又深感彷徨无力。此际，在该校梦霞老师（为地下党员）的指引和启发下，艾文宣开始阅读《共产党宣言》等马克思主义书籍，接受马克思主义思想，并于同年冬天加入了中国共产党。

1934年，梦霞去了武汉，临走前赠送了《呐喊》《西洋近代史》等书给艾文宣，勉励他用功学习、奋发图强。同年秋天高中毕业后，艾文宣回到了家乡广安，担任小学教员，一边教书，一边隐秘地从事革命事业。1937年，抗日战争全面爆发后，艾文宣到武汉投奔梦霞老师，其间他时常撰文揭露日本侵略中国的野心并抨击蒋介石消极抗日，希冀唤起民众参加到抗日救亡的大潮之中。20世纪30年代末，他回到重庆，在《新蜀报》从事新闻工作，并积极为《抗战》等报刊撰文，持续宣传抗日救亡主张，讴歌爱国仁人义士。

1941年1月，国民党顽固派制造了震惊中外的"皖南事变"，将第二次反共高潮推至最高峰。出于对"皖南事变"的极度愤慨，艾文宣奋笔疾书，撰写了题为《狗》的杂文，义正词严地揭露了国民党顽固派甘当日本帮凶的罪恶及无耻。文章发表后，他便成为特务监视的对象，处境十分危险。于是他离开重庆再次回到家乡广安，担任《广安民报》编辑，多次变更笔名，继续以笔为戈。这一时期，他揭露顽固派面目、宣传抗日救亡主张的文章时常见诸报端。

川大里从事进步活动

1945年8月抗日战争胜利后，艾文宣考进抗战爆发后西迁重庆的复旦大学教育系。在复旦大学学习期间，他依然不忘革命事业，与校内党员秘密联系，按照党组织的指示从事青年运动。

有一次，重庆"特园"剧场公演新编讽刺剧《茶馆曲》后，复旦大学的壁报上贴出剧评文章《人民的痛苦和磨难》，以此揭露和抗议国民党的反动罪行，号召同学们行动起来声援革命斗争。这一举动使得校内反动头目大动肝火，并教唆一群三青团分子谩骂围攻进步学生。艾文宣见状，不顾个人安危与暴徒抗争，赓即将事端真相写成报道刊登在《新华日报》上，通过新闻舆论揭露反动派的恶劣行径。此事平息后，中共中央南方局青年工作负责人接见了艾文宣，称赞他临危不惧，鼓励他多给《青年生活》栏目写稿，反映青年们的生活态度和革命斗争。

后来，艾文宣因故退学，转入国立四川大学中文系就读。在川大学习期间，他依然积极从事进步活动。大学毕业后，艾文宣曾回乡当过乡长，但他秉性耿直，不愿对上司溜须拍马、阿谀奉承，更不愿在黑暗的国民党官场中同流合污，终被撤职。

坐言起行，起义被捕

1946年6月，在美国的支持下，蒋介石背信弃义，悍然撕毁"双十协定"，发动全面内战。中共川东地下组织根据中共中央南方局的指示，疏散已暴露身份的共产党员和进步人士。于是，艾文宣回到岳池尚用中学任教，教授历史、语文等课程。教学时，他认真负责，并注重联系当下时政讲解历史典故。由于其爱憎分明的处世态度和深入浅出的授课方式，他深受广大学生喜爱和敬重。与此同时，他还在学校秘密建立起党支部，积极开展地下工作。

1948年3月，上川东第七工委成立，艾文宣担任工委委员，负责广安岳池边区党的工作。7月的一天，党组织让艾文宣将一支手枪和一笔现金送到广安石笋某处，艾文宣拿到枪支和现金后，又把自己准备给妻子生小孩用的钱凑上，一同送到了石笋的接头地点。回到家，他捐献家庭积蓄支援革命的事被亲戚知道了，伯父担心地说："造反要砍头的！"艾文宣回答："革命哪有不流血的，我心里只有革命和胜利，生死是顾不得了。"

同年8月，艾文宣参加了党组织发动的岳池起义。9月2日，起义队伍集结于岳池三元寨。次日，起义队伍与岳池、武胜、广安等地联防队和乡保武装两千多人发生激战。艾文宣到前线转运伤员，还不忘向敌人喊话："国民党官兵们，我们是共产党领导的游击队，是穷人自己的队伍！自己人不要打自己人！蒋介石就要垮台了！你们都是穷苦人，不要再替蒋介石卖命了！"此后，艾文宣夜以继日地奔赴于岳、武、广、渝之间，开展联络和筹集经费等工作。起义失败后，他先是转移到重庆，后返回广安，其间被特务跟踪，最终在家中不幸被捕，被关进岳池专门关押死囚犯的黑牢。

"坐穿牢底"的革命乐观主义精神

艾文宣被捕后，敌人软硬兼施，先是找来他的同学周道平劝降。面对诱惑，艾文宣义正词严地拒绝道："哼！不必费心了！君为座上客，我是阶下囚，要杀要砍，悉听尊便，休再多言！"劝降未果后，特务又动用武力把他打得遍体鳞伤，但仍一无所获，最后只得将他押送到重庆渣滓洞监狱囚禁。

在狱中，艾文宣同其他难友一样，虽受尽百般折磨仍英勇不屈、积极乐观，并以高昂的革命热情发挥所长，帮助难友学习上进。对于理想坚定的革命者来说，监狱不过是另一个战场。艾文宣博学多才，其丰富的历史知识在此际派上了用场，充实了艰苦的牢狱生活。他振作起来，为难友们开设"历史讲座"，讲述历代王朝兴亡更迭背后的史学知识，并借助生动的历史故事鼓舞难友。他以古为镜、以史为鉴，晓之以理、动之以情，更加坚定了难友们推翻黑暗迎接黎明的坚强决心、不屈信念和必胜信心。在一位难友一周年忌日时，艾文宣在给江竹筠的信中写道："我牢记着烈士的英勇斗争事迹，向你保证，在敌人面前绝不屈服，有坐穿牢底的信心和决心。"革命的英雄主义和乐观主义，在艾文宣等革命者身上表现得淋漓尽致。

1948年以来，重庆地下组织遭到严重破坏，渣滓洞中关押的"囚徒"与日俱增。其中，不乏文人学者，他们才华横溢，有不少诗歌爱好者，赋诗言情、抒发胸臆便成为他们狱中生活的一部分。大家常常在囚室里无拘无束地谈论李白、杜甫、荷马、普希金等古今中外诗人，通过这样的方式自娱情志、激励战友、祈盼光明。艾文宣正是这群革命文人中的一分子，平时喜欢写诗作对，尤擅旧体诗。有一次，一位难友年满三十，他专门作了一副对联："为民主而坐牢，九个月中从无怨言；恨独裁才革命，三十年来视死如归。"其表现的大无畏精神，深受难友们的赞赏。

1948年底至1949年初，辽沈、淮海、平津三大战役胜利的捷报和解放军进抵长江北岸的喜讯传到了渣滓洞监狱，令被关押的革命者们激动万分，难友们无不口耳相传、赋诗言志，以示内心喜悦和希望。牢房里虽然寒冷刺骨，却冻不住狱中战士们颗颗向党的红心。1949年春节将至，入狱三个月的傅伯雍受三大战役大捷鼓舞，抑制不住内心沸腾，遂赋七绝诗《入狱偶成》一首：

> 权把牢房当我家，
> 长袍卸去穿囚裆。
> 铁窗共话兴亡事，
> 捷报频传放心花。

歌颂光明，追求自由，为人类幸福的未来描绘光辉的图景，这一切都是因为一种崇高的信念鼓舞和激励着他们。在他们身上所显示出的坚忍和执着、无畏和高昂，正是共产党人最宝贵的品质。很快，这四句诗在狱中暗地里传播开来。第二天放风时，难友们纷纷用烟盒纸、草纸等写诗唱和，他们或写自己，或写对家人、对敌人、对坐牢的态度，都寄托着对革命胜利的希冀和憧憬。同为战士的艾文宣和诗一首，诉说着自己心灵的自白，表达了对革命必胜的信心：

> 别妇抛雏不顾家,
>
> 横眉冷眼对虎牙。
>
> 深知牢底坐穿日,
>
> 全国遍开胜利花。

鲁迅用"挈妇将雏鬓有丝"来形容黑暗中颠沛流离的生活,狱中的艾文宣则用"别妇抛雏不顾家"来明志:为了神州大地遍开胜利之花,不惜坐穿牢底!

在狱中,艾文宣还曾留下一首《贺狱中难友三十寿辰》:

> 劳燕分飞感慨生,
>
> 从容领导迈群英。
>
> 黄杨厄运应何害,
>
> 丹桂逢秋喜向荣。
>
> 福慧双全争美艳,
>
> 风骚兼备自贻情。
>
> 高材似舅钦无忌,
>
> 明德由来有达人。

除此之外,杨虞裳、刘振美、白深富、张学云等人均留诗明志,如杨虞裳在诗歌中憧憬革命胜利之日:"英雄为国就忘家,风雨铁窗恨磕牙。革命成功终有日,满天晴雪映梅花。"这些唱和诗爱恨分明、疾恶如仇,洋溢着昂扬的革命斗志,蕴含着高涨的革命英雄主义。这些诗联结了颗颗红心,成为凝聚难友们的精神纽带。

举行龙光章追悼会

1948年12月25日,岁末的歌乐山随处充斥着萧瑟和寒意。渣滓洞难友、年轻的新四军战士龙光章因遭长期虐待折磨而死,病逝在渣滓洞楼下五号牢房。龙光章是四川合川县（今重庆合川县）人，新四军江汉独立旅32团1营3连战士，1946年在湖北房县中原突围战斗中负伤被俘。他与相继被俘的其他10名新四军战士，先后被关押在宜昌、万县。他曾在万县组织难友越狱，让百余名难友安全逃脱，但他自己和几位挺身担任断后任务的战友却被抓回。1948年，他被转押到重庆渣滓洞监狱，长期忍受着国民党特务的折磨和摧残。

龙光章的死，让牢里的气氛显得愈发沉重，狱中全体难友义愤填膺、悲愤交加，都觉得生命毫无保障，于是通过发动绝食、要求追悼等方式集体抗议特务暴行，最终迫使敌方同意在监狱中公开举行龙光章的追悼会。这算是狱中的一场胜利的抗争，不仅显示出全体难友团结一心所凝聚的巨大力量，还进一步催生了战斗的文学创作，鼓舞了难友们的革命意志。

追悼会上，难友们集体创作了一副挽联："是七尺男儿生能舍己；作千秋雄鬼死不还家。"这副挽联悲壮地表达了对龙光章的革命英雄气概的敬仰和赞颂，是对逝者的慰藉，更是对生者的激励。

艾文宣此时方才入狱三个月左右，便经历和见证了狱中残酷的斗争。争取召开龙光章追悼会，是艾文宣入狱以来面对的第一场重大斗争，对他的思想也是一次重要的锤炼：从龙光章身上，体悟到作为一名革命者"死"的价值和意义。悲愤沉痛的感情油然而生，让艾文宣情不自禁写下了《悼龙光章同志》一诗寄托哀思，深深缅怀和赞美先行者的英勇事迹。

　　不要眼泪，不要人们的慰藉。
　　记着呵——中国人还活着，
　　这册血写的账簿，将是一块历史的丰碑！

　　死，是永生。
　　死，并不是战斗之火的熄灭。
　　让他永不泯灭的忠魂，

在青翠的歌乐山巅，仰望黎明。

他以满腔的怒火，要人们记住敌人的残暴。

烈火中诞生"铁窗诗社"

1949年的春节，对于被关押在"人间魔窟"渣滓洞监狱的200多名难友而言，是永生难忘的。他们在大年初一这一天走出牢房，互相拥抱，挥舞着镣铐手舞足蹈，互赠礼品进行精神激励，写诗作词互相慰藉……"看洞中依然旧景，望窗外已是新春。"渣滓洞一改往日的沉闷，顿时沸腾起来。在特务的严密监视下，难友们趁"大放风"的机会，在院坝里举行了一场别开生面的"春节联欢会"。这次有准备的政治斗争，既是革命志士们在狱中的一次政治示威，又是他们身经残酷折磨仍旧坚贞不屈的一次能量释放。

此前，大家从报纸、广播以及特务嘴里得知"三大战役"胜利的消息后，激动万分，备受鼓舞，更加坚信"胜利就在眼下，蒋家王朝就要覆灭了"。但同时，与难友们一起坐了8个多月牢的李文祥突然叛变，带给狱中同志们极大打击，使大家的情绪一度跌至谷底。为了欢庆解放军取得的胜利，打破因为出现叛徒而形成的沉闷气氛，更为了抒发压抑已久的革命豪情，狱中同志决定在春节到来的时候，举行一次别开生面的大联欢。而就在不久前，难友龙光章的病逝让集中营里的空气显得十分凝重、氛围极度压抑。大家通过团结斗争迫使敌方做出让步，同意公开举行龙光章追悼会，这让举行"春节联欢会"有了一定基础和底气。正是在这样的特殊背景下，一场春节大联欢的秘密筹备活动便悄悄在各牢房里展开了。

难友们一致决定，每个牢房都要有节目，而且都要别出心裁。曾经在渣滓洞监狱当看守的黄茂才回忆说："据说1949年的春节联欢会，他们男女室早已做好准备，事先他们有人曾向管理员黄纯清要求在大年初一搞春节联欢会。"

男牢房里，一些难友创作诗歌，一些难友利用废弃的牙刷制作手工艺品，一些难友撰写对联，一些难友设计"翻筋斗"，还有的难友小声学唱歌曲《解放区的天是明朗的天》，罗广斌更是用双脚甩动脚镣，创作"踢踏舞"……

最有创意的是女牢房。女牢房的地下工作者们认真商量，一定要在联欢会上出彩。她们用被面、床单和红丝带以及牢房里一切能够用来装饰的物品装扮自己，要表演一组让男同胞眼睛一亮、大饱眼福的集体舞。

为了保证春节联欢会能够顺利进行，春节前一天，大家积极做当天值班特务管理员的工作，向他保证"决不出乱子"。

春节当日的看守黄茂才在一份材料中回忆道："适逢春节这一天是我担任值日。从我的观念思想还是倾向让他们轻轻松松愉快过好大年初一这一天。我很早起来就把风门给他们打开了。我在院坝里散步。后面女室曾紫霞就叫我说：'小黄，今天是年初一，让我们搞文娱活动吧。'当时我没有马上答应，我说：'你们不要忙，我去了解徐组长今天往城里去不？'待我到徐家打听得知，他们一家人都要到城里去。我心想只要徐走了，所长今天肯定不会到所里来的。当时看见其他管理员和班长都溜进城里去了，于是我很大胆地回来对曾紫霞说：'你们把早饭吃了再搞活动吧。'等他们吃完饭后，我把他们的风门全部打开了……"

于是大家冲出牢房尽情宣泄情绪，嘹亮的《正气歌》拉开了春节联欢会的序幕！这声音是那样的清亮，是那样的有情感，又是那样的自信。在雄壮的《国际歌》歌声中，难友们鱼贯走出牢房，有的唱着狂奔，有的跑跳着舞蹈，有的甚至在地上打滚，更有的击碰铁镣、敲打手铐……那金属碰撞声与发自肺腑的叫喊声，与《国际歌》歌声汇聚在一起，显示出狱中革命者"面对一切困难，高扬我们的旗帜"的巨大能量！联欢会就在这样的气氛中开始了。

在这场别开生面的春节联欢会举办的同时，"铁窗诗社"宣告成立。

这个文艺小团体经傅伯雍、艾文宣等人提议，刘振美、白深富等人组织，以劝慰狱内一些爱写诗的同志，用诗来表达对国民党反动派的愤怒和慰抚同志的哀伤。而大家在春节联欢会上表演各式各类的节目，还有一个重要作用：吸引并分散监视他们的特务的注意力。

在联欢会节目上演的同时，爱好诗歌的难友们悄悄转移到渣滓洞楼上一号牢房。为防止特务闯进来发现，难友们安排余祖胜、张朗生在门外轮流放哨。写新诗和旧诗的分成两个小组，大家席地围坐在一起，庄严地举行"铁窗诗社"成立大会，宣布"铁窗诗社"在烈火中诞生了！作为春节联欢会的压轴节目，这个为了开展狱中斗争而成立的秘密文学组织的诞生，成为革命者们春节时最大的"喜庆之事"。作为革命志士在集中营里的一次庄严的"政治示威"，它代表着革命乐观主义精神在令人毛骨悚然的渣滓洞监狱的一次强烈迸发，更是一次对即将到来的美好新世界的尽情赞誉与无限期待。

诗社成员主要有杨虞裳、史德端、何敬平、何雪松、古承铄、刘振美、陈丹墀、张朗生、余祖胜、张学云、艾文宣、白深富、蓝蒂裕、齐亮、屈楚、唐征久、蔡梦慰、张永昌、胡作霖、傅伯雍等。

正如主持会议的刘振美所言："组织诗社的目的，是要以诗歌作为斗争的武器，把竹签子当作战鼓、号角，揭露强盗的罪行，迎接革命的胜利。"此际，以艾文宣等为代表的革命者们秘密开辟了这个"新战场"，"以竹签笔作投枪，以棉布灰作炮弹，向全中国、全世界人民控诉反动派的罪行，诅咒黑暗，歌颂光明，迎接解放战争的胜利。"这即是诗社成立的初衷。

为庆祝"铁窗诗社"的成立，大家积极开展活动，互相交流心得感悟，轮流吟诵新旧诗作。成立大会上，杨虞裳带头朗诵了鲁迅1931年创作的七律诗《无题》（惯于长夜过春时），何雪松朗读了自己创作的《灵魂颂》，张朗生、陈丹墀、张学云相继朗诵了自己的新作，何敬平吟唱了自编的歌曲《把牢底坐穿》。诗友们心情激奋，大家你一言、我一语，一个接一个地抒发自己的情感，情绪越发激动，直至"收风"才依依不舍地散去。身处其中的艾文宣深受感染。末尾，杨虞裳总结道：我们决不能沉默，每个战友都应该拿起笔来战斗！但应小心谨慎，注意监狱的特殊环境。传递诗作必须隐蔽，短诗以口传为主；必须抄在纸上传阅的，也不要记作者姓名，以防敌人搜查发现。"放风"期间的文艺节目表演结束时，诗会也随之停止。

1949年农历大年初一的这次诗会，是身陷囹圄的"铁窗诗社"开展的第一次也是仅有的一次集体活动，奏响了狱中抗争的英勇乐章。那一天，难友们吟诗朗诵，直抒胸臆，几乎每个人都有作品问世。诗歌，成为这些人坚持革命气节、自我激励的武器，承载着他们憧憬未来的激情，象征着他们"精神上的自由"，是身处危难之境、面对屠刀和牢狱的坚强之作。

诗与鲜血的激流

随着国民党军队在前线节节败退，特务们对渣滓洞监狱的看管变得愈发严密，原本每天两次的"放风"被调整为一次，后来甚至连这一次"放风"也干脆取消了，每间囚室只准派一名值日人员出牢房倒罐子。敌人一旦发现有字迹的纸屑，便会追查到底，有些难友作诗不幸被发现，便换来一顿毒打。然而这也阻止不了革命诗人们不畏强暴、继续创作的决心。竹签笔被搜缴，重新削一支继续抗争。

蔡梦慰创作了《黑牢诗篇》《祭》，蓝蒂裕写了《示儿诗》，屈楚写了《岁月无声地走过铁窗》，张学云写了《给新来的狱卒》。其中，史德端因为写诗被特务打烂了双腿，但他仍然伏在床边写下了《天快要亮了》；刘国鋕高歌《就义诗》走向刑场。

"铁窗诗社"成立后的短暂光阴里，社友们先后创作新旧体诗50余首，他们写狱中的生活和斗争，写狱外的地下活动，写革命必胜的信念，写坚贞不屈的勇士，写未来的理想之歌，诅咒黑暗，歌颂光明。他们不仅自己创作，还鼓励狱中难友一起写作。由于监狱的特殊环境，诗歌以口传为主。其中，大部分诗稿都在 11 月 27 日的大屠杀中被焚毁，遗留下来的仅有 20 多首。遗留下来的一页页泛黄的纸张，传递着烈士们的笃定信念，深深烙印在后人心里并将代代相传。

在那个风雨如晦、暗流涌动、艰苦卓绝的年代，诞生在渣滓洞监狱里的这个生命力顽强的诗人团体、抗争团体，犹如黑暗中明亮的星辰，照亮着那些身处灰暗之境、心有信仰的人们。艾文宣和渣滓洞的难友们、和"铁窗诗社"的战友们一道，不仅仅是以笔为戎、作诗斗争，更是在用自己的鲜血和生命谱写一首首悲壮的诗篇。这些诗发自肺腑，气壮山河。在这里，革命者与诗人，革命与诗，浑然地融合在一起，仇恨与愤怒、忠诚与坚毅汇聚成诗与血的激流，产生了撼动人心的强大力量，冲击着渣滓洞黑压压的高墙深院，形成了一股激励人们在黑夜中冲破枷锁、毅然前行的精神动力，奏响了力透纸背、穿越时空的最强音。

1949 年 11 月 27 日，就在重庆解放前夕，在重庆人民"仰望黎明"之时，国民党特务在穷途末路之际，大肆屠杀关押在渣滓洞中的革命者，艾文宣和战友们一起惨遭杀害，英勇就义，时年 36 岁。同艾文宣一样，很多诗篇的作者，在黎明之前倒在了敌人的枪口之下。

很多年过后，或许有人会问，精神和信仰的力量到底有多大，能够让一群身陷囹圄的人忍受皮肉之苦和被禁锢的绝望，而用生命写下那一首首慷慨激昂、可歌可泣的伟大诗篇？艾文宣等"铁窗诗友"便给了我们最悲壮也最令人动容的答案，仿佛每一首诗的背后都藏着一个不屈的灵魂，每一个字都能让人感受到作者心中的无畏。诗歌不死，在于人的精神不死。哪怕他们有些人很少被称为真正的"诗人"，但每一个革命烈士本身就是一篇无比壮丽、无比伟大的诗章，每一个革命烈士都是一朵盛开的"绚丽的血红的花"。

"艾家院子"——红色文化永传承

如今,在四川省广安市广安区兴平镇文明村,有一栋极具川东建筑特色的有着300年历史的老院子。在这里,前来参观的游人可以清晰地看到题有"艾家院子"四个醒目大字的匾额。

这座院子坐北朝南,以石为基,以木构架,以竹夹壁,泥灰成墙,青瓦盖顶,院坝用青石板铺就而成,触目之处便是岁月的"浑厚"与"沧桑"。院里特别安静,只听见鸟叫虫鸣。一位老人蹒跚着在院坝里来回走动,将农作物晒在簸箕里。

虽然眼前的艾家院子是静谧的,但在居住在这里的老人们的记忆中,它却是热闹无比、充满故事的。已80岁的艾尚进老人自小就在院里长大,昔日老院热闹的场景还在他的脑海中记忆犹新:"小时候院子里特别热闹,30多户人家住在一起,人还没到院子,就能听到孩子们嬉戏打闹的声音。"

提到艾家院子,就不得不提院子的老祖宗艾老爷和其子、革命烈士艾文宣,他们的德行享誉十里八乡。而艾文宣烈士的英勇故事,已经成为当地学习弘扬红色文化的重要文化题材和"鲜活教材",经久流传、薪火不灭。

如今的艾家院子作为当地重点保护的传统古院落,既是文明村的村史馆,也是"乡贤讲堂"的重要阵地,更是农耕文化传习地、家风家训传承教育基地。艾家院子内设村史村情、艾家史、农耕生产和生活习俗展示区,让广大村民找到自己的根源和精神归属。近年来,在当地政府和宣传文化部门的保护和抢救性修复下,艾家院子修旧如旧。

在这座充满红色故事的艾家院子里,有仁义厚道的举人,有慷慨赴死的烈士,在新旧更迭、时代变迁之中,唯一不变的是革命精神的洗礼、红色基因的传承……

下编　英烈精神的价值建构与新时代传承实践

第一节　红色文化在大学生思想政治教育体系中的三重价值

习近平总书记指出："革命传统教育要从娃娃抓起，既注重知识灌输，又加强情感培育，使红色基因渗进血液、浸入心扉，引导广大青少年树立正确的世界观、人生观、价值观。"[1] 大学生是社会主义事业的接班人，对其进行思想政治教育尤为重要。因此，将红色文化融入大学生思想政治教育体系中，具有重要的理论价值、文化价值和教育价值。

一、理论价值：红色文化彰显了马克思主义理论的科学性和实践性

红色文化是在马克思主义的指导下形成和发展的，其产生和发展离不开马克思主义这一理论基础，也离不开马克思主义中国化的历史进程。将红色文化融入大学生思想政治教育体系，进一步彰显了马克思主义理论的科学性和实践性。

---

[1] 中共中央文献研究室编《习近平关于青少年和共青团工作论述摘编》，中央文献出版社，2017年。

（一）将红色文化融入思想政治教育体系，彰显了马克思主义理论的科学性

红色文化的生成和发展过程与中国共产党的发展历程从本质上是具有一致性的。俄国十月革命的胜利对当时半殖民地半封建社会的中国来说，犹如一盏指路明灯。马克思主义传入中国后，以李大钊、陈独秀为首的共产主义开拓者，深受鼓舞和启发，开始学习马克思主义。陈独秀还创办了杂志《新青年》，以宣传马克思主义。中国共产党成立之初即以马克思主义为指导思想，将人民群众的利益摆在首位，以实现共产主义为最终目标。红色文化的形成也是以马克思主义理论为指导的，具有极强的科学性。马克思、恩格斯在论述社会历史理论的过程中，借用文化对社会的运行机制进行了探讨。马克思主义经典理论是红色文化产生的根本源泉。

为确保我国社会主义现代化建设事业的蓬勃发展，培养祖国需要的突出人才，我们必须开展大学生思想政治教育，而以红色文化为主要载体的理想信念教育是其中关键的一环。马克思主义是党和国家的根本指导思想，红色文化也是基于马克思主义发展形成的，因此，以大学生为对象的爱国主义教育和理想信念教育也应在马克思主义理论指导下开展。当代大学生在学习先进的科学文化知识的同时，还要具备良好的道德情操和爱国情怀，只有这样才能成为我国社会主义事业合格的接班人。

（二）将红色文化融入思想政治教育体系，彰显了马克思主义理论的实践性

马克思主义是从西方传入中国的，中国共产党始终坚持以马克思主义为指导思想，结合中国实际，与时俱进，创新地将马克思主义理论基础与中国的国情相结合，将马克思主义中国化，走中国特色社会主义发展道路。红色文化的发展与中国共产党的发展息息相关，其本质就是将马克思主义理论运用到中国的革命发展道路上，将理论联系实际，不断吸取中国

共产党人的宝贵实践经验，使其在革命中趋向成熟。可以说，红色文化是以马克思主义为基础，并与马克思主义中国化成果紧密联系的，是马克思主义中国化的重要成果。

大学生思想政治教育也是从中国的具体实际出发，在不同历史时期有不同的时代要求。比如新中国成立初期，中国共产党面临的主要任务是实现向社会主义过渡，集中精力抓国家建设。这一时期思想政治教育的要求是引导形成集体主义的价值观，培养社会主义事业接班人。党的十一届三中全会之后，国家高度重视科技发展和人才培养。这一时期大学生思想政治教育的主要任务是加强对青年一代的理想信念教育，培育道德品质高尚的优秀人才，为我国的社会主义建设事业添砖加瓦。现阶段，在国家逐渐走向富强的新时代，教育青年学生时刻不忘初心、牢记使命，红色文化显得尤为重要。在不同的时期，大学生思想政治教育和红色文化发展都具有不同的特征，这是与我国国情相适应的，体现着中国特色，具有典型的从实际出发、锐意创新的中国精神。

二、文化价值：体现中华优秀传统文化的传承性和自信心

红色文化是在中华传统文化的滋养下形成和发展的，其生成和发展离不开中华传统文化这一深厚土壤，离不开社会主义文化所引领的融合发展。将红色文化融入大学生思想政治教育体系中，进一步体现了中国优秀传统文化的传承性和自信心。

（一）将红色文化融入思想政治教育体系，体现了中华优秀传统文化的传承性

习近平总书记曾多次强调红色文化的重要价值："光荣传统不能丢，

丢了就丢了魂；红色基因不能变，变了就变了质。"① 红色文化不仅来源于马克思主义的发展与创造，更融入了中华民族五千年的文化积淀。中华文化博大精深，其中蕴含着仁、义、礼、智、信的道德情操。在国家生死存亡之际，中国共产党人便是抱着"苟利国家生死以，岂因祸福避趋之"的精神奋勇向前，带领全国人民谋解放。新中国成立后，中国共产党人以全心全意为人民服务为宗旨，"俯首甘为孺子牛"，一心一意搞建设，为人民谋幸福。中华传统文化已经深深融入了中华儿女的骨髓之中，是中国共产党人不惧艰难困苦、勇往直前的不竭动力。同样，中华传统文化也为红色文化提供了养分，使中国共产党人在奋进中展现出敢为天下先的精神风貌。

当前，对大学生的思想政治教育需要将多种文化资源融入其中。一方面，要在高校弘扬中华传统文化的思想精髓，使民族传统文化的优良基因扎根于青年大学生的思想中，将"天行健，君子以自强不息"的优良品格带入大学生自身的学习成长中，引导大学生将"志当存高远"的思想境界运用于报效祖国的理想抱负中。另一方面，以马克思主义为基础，将融入了中华传统文化底蕴的红色文化带入大学生的思想政治教育之中是十分迫切的。不论是革命战争时期，还是祖国建设时期，中国共产党人"国而忘家、公而忘私"的革命精神，激励着一代又一代青年学子，在红色文化基因的传承下，这些优秀的道德品质和精神底色必将踵事增华。

（二）将红色文化融入思想政治教育体系，体现了中华优秀传统文化的自信心

马克思主义唯物史观将无产阶级文化看作一种能够"推翻那些使人成为被侮辱、被奴役、被遗弃和被蔑视的东西的一切关系"②的"物质力

---

① 中共中央文献研究室编《习近平关于全面从严治党论述摘编》，中央文献出版社，2016年。

② 《马克思恩格斯全集》（第3卷），人民出版社，2002年。

量"。这样的无产阶级文化不仅仅是一种精神层面的东西,更是一种反抗压迫的武器,在无产阶级的革命运动中展现了巨大的力量。党的十八大以来,"文化自信"不断得到强调,标志着中国共产党对社会主义文化的肯定。"我们说要坚定中国特色社会主义道路自信、理论自信、制度自信,说到底是要坚定文化自信。文化自信是更基本、更深沉、更持久的力量。"① 党的十九大提出了中国特色社会主义进入了新时代的重要论断。新时代的社会主义更加需要从社会主义发展史中寻求文化之源。

做到新时代的文化自信,需要从近百年中国共产党的奋斗史中汲取养分。能够使全国人民都因之自信的社会主义文化,一定是蕴含着几千年优秀基因的中华传统文化与中国革命中励精图治、奋发图强的红色文化相结合而形成的先进文化。在大学生的思想政治教育中,既要体现中华优秀传统文化教育,也要加强革命文化教育,要将这种先进的社会主义文化贯穿教育环节始终,使广大青年学子树立坚定信仰,成为社会主义先进文化的传播者和践行者。青年大学生代表着祖国的未来和希望,只有他们做到了对社会主义文化的接纳和传承,才是真正做到了文化自信。

三、教育价值:增强高校理想信念教育的吸引力和传播力

红色文化是在高校理想信念教育下展现和发展的,其发展和创新性应用离不开高校理想信念教育这一实践基础,离不开高校大学生的认同与传播。将红色文化融入大学生思想政治教育体系中,可进一步增强高校理想信念教育的吸引力和传播力。

(一)将红色文化融入思想政治教育体系,增强高校理想信念教育的吸引力

现阶段,我国经济高速发展,国家面貌发生了翻天覆地的变化。在经

---

① 《习近平谈治国理政》(第二卷),外文出版社,2017年。

济全球化的背景下，当代大学生容易受到西方价值观念的影响。因此，要加强对大学生的思想政治教育，尤其是理想信念教育，这是当前高校思想政治教育的重点内容之一。一方面，要在大学教育中加强学生的爱国主义情怀教育以及价值观念教育，使其树立正确的世界观、人生观。另一方面，也要加强历史文化教育，使学生以史为鉴、不忘初心。大学生在学习文化知识的同时，需要提高自身的道德品质和理想信念。而在教育的过程中，通过多种途径引入红色文化教育资源，是十分必要且有效的教育方式。

红色文化中蕴含了共产党人追求信仰、义无反顾的价值观念和为祖国不怕流血牺牲的爱国情怀。"我们党在长期艰苦卓绝的奋斗中，历经曲折而不畏艰险，屡受考验而不变初衷，由小到大，由弱变强，靠的还是坚定的理想信念和百折不挠的革命精神。"[1] 红色文化中包含了中国共产党人崇高的理想信念。同时，红色文化的发展历程也是中国近代史的重要组成部分，是中国历史中不容抹去的重要印记，是中华民族经历生死存亡考验、由无数革命先烈用鲜血换来的一部血泪史。当代大学生应当在对红色文化的学习中感受革命道路的曲折和革命志士的精神，牢固树立共产主义理想信念。因此，红色文化应当成为理想信念教育的重要内容。

（二）将红色文化融入思想政治教育体系，增强高校理想信念教育的传播力

红色文化是马克思主义中国化进程中的重要成果，新时代中国特色社会主义理论中包含了红色文化的精神内涵。红色文化不仅在高校教育中具有重大意义，而且对社会各个层面的人都有教育意义。"中国共产党人是我们民族一切文化、思想、道德的最优秀传统的继承者，把这一切优秀传

---

[1] 习近平：《干在实处　走在前列　推进浙江新发展的思考与实践》，中共中央党校出版社，2006年。

统看成和自己血肉相连的东西,而且将继续加以发扬光大。"[①] 红色文化所彰显的理想信念是共产党人的信仰,也是新时代中国人都应追寻的社会主义信念。因此,在新时代红色文化需要被广泛传播、被传承和发扬开来。

在高校对大学生加强理想信念教育,要采用多种形式,例如全面贯穿课程体系、建设红色文化教育基地、开展红色文化活动等。不仅要在课堂上加入思想政治教育的内容,而且要营造校园文化氛围,在潜移默化中引导学生树立正确的人生观、价值观,树立共产主义的理想信念。这个过程是加强大学生理想信念教育的过程,也是使红色文化进一步传播的过程。

第二节 从个体生命到符号象征: "江姐精神"的历史考察

江姐及其事迹在中国可谓家喻户晓。国人熟知江姐,是因为以这位女共产党员为主人公的文艺作品数量颇多且体裁多样,既有回忆录《在烈火中永生》、小说《红岩》,也有电影《江姐》、歌剧《江姐》、话剧《江姐》、连环画《江姐》以及电视连续剧《江姐》等。其中,1964年首次公演的红色经典歌剧《江姐》是中国歌剧史上的一座丰碑。在这些文艺作品的助力下,新中国成立以后掀起了两次"江姐"热。在此过程中,"江姐精神"的内涵、意义等也被重构,并最终成为中国特色社会主义文化的一部分。

一、"江姐精神"的由来

(一)"江姐"一词的由来

"江姐"一词专指江竹筠,它最早出现于1959年2月中国青年出版社

[①] 中共中央文献研究室、中央档案馆编《建党以来重要文献选编1921—1949》(第20册),中央文献出版社,2011年。

出版发行的革命回忆录《在烈火中永生》("红旗飘飘丛书"之一)。该书由渣滓洞集中营幸存者罗广斌、杨益言等于 1957 年撰写。罗、杨等人随后在这本回忆录的基础上创作了长篇小说《红岩》。该小说后又被改编为红色电影《烈火中永生》、歌剧《江姐》等。① 《在烈火中永生》讲述了革命先烈在渣滓洞集中营里和敌人进行英勇斗争的若干故事,其中一章这样写道:"人们熟悉的江姐,本名叫江竹筠,是一个童工出身的女同志,从 1939 年入党以来,一直在白区工作。"②

41 万字的长篇小说《红岩》于 1961 年 12 月首次出版以来,受到了广大群众的欢迎。据不完全统计,此书已经累计重印上百次,发行近千万册,不同语言的译本达十种以上。作为红色经典作品,小说《红岩》不仅轰动一时,且影响深远：一代代读者从中受到教育,在心中埋下希望的种子,厚植爱国情怀。

"江姐"一词在小说《红岩》首版中出现了 500 余次,作者以"江姐"代称主人公江竹筠,完整地叙述了故事情节。小说中的"江姐"政治立场坚定、意志坚强、事迹感人,她的身上凝结了许许多多优秀共产党员的闪光之处,是一个更为感人的典型党员形象,小说中也有多处表现出她对党的事业的无限忠贞。③ 在小说《红岩》基础上创作的歌剧、电影,则直接以"江姐"作为女主人公的名字。在 19 世纪 60 年代,江姐的故事在国内外已经得到广泛传播,"江姐"一词也被大家熟知。

小说《红岩》在 1977 年 9 月再版时曾做了一点修改,但没有大的变动。④ 杨益言在《关于小说〈红岩〉的写作》中写道:"小说着重描写的英雄人物之一的江雪琴,是以英勇牺牲在'中美合作所'镪水池中的江竹筠烈士作为生活原型塑造的。她在狱中的表现,曾经给了狱中战友,包括我

---

① 罗广斌、刘德彬、杨益言：《在烈火中永生》,中国青年出版社,1959 年。
② 罗广斌、刘德彬、杨益言：《在烈火中永生》,中国青年出版社,1959 年。
③ 门雨颖：《由永远的"江姐"到永远的感怀》,《芒种》2013 年第 18 期。
④ 杨益言：《关于小说〈红岩〉的写作》,《新文学史料》1980 年第 2 期。

们以极深刻的教育。罗广斌同志入党，也是她介绍的。我们向青少年口头宣传时，曾经成百次地讲过她……江竹筠烈士的精神状态以及她在刑讯、就义前后的细节、语言，我们都尽可能地移植到小说人物江雪琴身上去了，但还显得单薄，于是，又给她增添了下乡、狱中绣红旗等情节，增添了她身边的一批人物关系，这些则是经过多次加工，逐步丰富上去的。"①这些修改为后来依托"江姐"这一个体形象而创作的各种艺术作品提供了重要支撑和依据。

（二）歌剧《江姐》的创作背景及过程

长篇小说《红岩》在20世纪60年代初出版时，社会很需要坚定信念、提振信心的文艺作品，来为党提提气、为民鼓鼓劲。著名作曲家、歌剧《江姐》的主创人员羊鸣回忆说：当时陈毅同志在一个文艺座谈会上，提出文艺作品要"寓教于乐"；周恩来总理也向文艺界明确提出，文艺创作要坚持"革命化、民族化、群众化"的审美理想。正是在这样的文艺创作环境下，中国人民解放军空军政治部文工团（简称"空政文工团"）的阎肃、羊鸣、姜春阳、金砂等几位年轻人干劲十足，开始创作歌剧。当时小说《红岩》十分畅销，阎肃认为江姐的故事是一个写歌剧的好材料，便于1962年提议创作歌剧《江姐》。②

抗战期间，阎肃曾在四川生活了好几年，因此他对那里的生活、戏曲都较为熟悉，还亲身感受过国民党的反动统治，参加过反对蒋介石罪恶统治的斗争。尤其是在重庆解放后，他亲眼看到过渣滓洞烈士的遗体，这在他心中留下了不可磨灭的印象。③1963年，他利用探亲休假的时间，仅用了18天就一气呵成地将小说《红岩》改编成歌剧《江姐》，并在之后的一

---

① 杨益言：《关于小说〈红岩〉的写作》，《新文学史料》1980年第2期。
② 陈劲松、李国文、万天兵：《红岩上　红梅开——歌剧〈江姐〉50年》，《光明日报》2011年6月1日。
③ 江苏师范学院中文系编《中国当代文学研究资料　〈江姐〉专集》，1979年4月，第3页。

次次艺术实践中不断改进。很多观众都为歌剧《江姐》提供过宝贵意见。有人提出歌剧《江姐》应有一首主题曲,以贯穿全剧,深化主题,加强戏剧效果,于是便产生了主题歌《红梅赞》。因此,可以说,歌剧《江姐》的创作,始终依靠了集体的力量,在艺术实践中集思广益、群策群力。在数十次修改中,对剧情进行过四次大规模的修改,其中第四次修改可谓争论最多。这次修改改变了戏剧的结局,江姐最后被成功救出。这次修改引起的反响比较强烈,不少老同志在看过演出后表示,江姐在剧中被成功解救,弥补了现实中的遗憾。但也有同志持不同意见,认为江姐被救的剧情不真实,削弱了剧作的感染力——过去看完《江姐》,他们因为缅怀先烈而有了力量,现在江姐"活"了,观众只要哈哈大笑就行了。这部歌剧的结局究竟是改好,还是不改好,应在实践中检验,因为"实践是检验真理的唯一标准"。1964年春,在《江姐》即将被搬上大银幕之际,上海电影制片厂的同志经过反复斟酌,决定仍旧采用原来的结局。对此,不少群众反映说,江竹筠烈士是牺牲了,小说《红岩》中的江雪琴也是牺牲了,这样写歌剧才是实事求是。[1] 歌剧《江姐》情节的多次修改说明,江姐人物形象的优化是集体智慧的结晶,最终在实践中得到了广大群众的认可。

二、两次"江姐热"

(一)第一次"江姐热":20世纪60年代

小说《红岩》问世后立刻在广大读者中引起了强烈反响,人们争相传阅,凡是读过这部小说的人都长时间被书中所描写的共产主义战士的英雄形象所感动,从小说中获得了巨大的精神力量。不少话剧团体及时地把这部小说改编成话剧。话剧《红岩》的演出,使更多的群众通过舞台形象认识到,在黑暗的岁月里,无数革命先烈为了革命的胜利在同敌人进行着怎

---

[1] 江苏师范学院中文系编《中国当代文学研究资料〈江姐〉专集》,1979年4月。

样的殊死斗争。舞台上的许云峰、江雪琴、齐晓轩、成岗、华子良、刘思扬等英雄人物在斗争中所表现出来的舍生取义的英雄气概和大义凛然的崇高气节，极大地鼓舞了人民群众建设社会主义事业的信心和斗志。[①]

1964年，歌剧《江姐》的公演轰动全国，当时毛泽东、周恩来等国家领导人都观看了演出。从1964年9月至1965年10月，歌剧《江姐》共公演257场，演出地点遍布北京、上海、南京、广州等地，在全国上下形成了一股"江姐热"，创造了中国歌剧史上的奇迹。歌剧《江姐》成为空政文工团的重要作品与保留剧目，先后有万馥香、杨维忠等艺术家饰演过江姐一角。

全剧以四川民歌为主要素材，广泛吸取川剧、婺剧、越剧、杭州滩簧、四川清音、京剧等音乐手法进行创作，既有强烈的戏剧性和鲜明的民族风格，又有优美流畅的歌唱性段落，生动刻画了英雄人物形象，在全国引起了极大的反响，极大地鼓舞了全国人民的士气。当时提出的口号就是"演江姐，学江姐"。几位江姐扮演者也把扮演江姐的过程当作了一个净化自己灵魂的过程。空政文工团演员郑惠荣表示，要塑造好舞台上的共产党员形象，演员的内在修养也要努力向英雄人物看齐，这样才能使江姐的形象从形似走向神似，真正体现出英雄的气质和风度。

随着歌剧"江姐热"的出现，全国出现了各种展现"江姐"精神的文学创作和艺术形式。1965年出现了根据《红岩》改编的电影《烈火中永生》，江姐由著名电影表演艺术家于蓝扮演。继空政文工团上演的歌剧《江姐》轰动全国之后，上海歌剧院也推出了歌剧《江姐》。同时还有各出版社发行的青少年连环画，这些连环画图文并茂，是对青少年进行爱国主义教育、革命传统教育的好读物。江姐式的英雄，不管是艺术形象还是生活原型，都成为全社会，特别是青少年崇拜和追慕的人物。江姐的英雄事迹影响了几代人，成为人们的精神支柱和行为典范。

---

① 游默：《话剧〈红岩〉观后漫笔》，《戏剧报》1962年第11期。

一片丹心向阳开 渣滓洞集中营的川大英烈

有关江姐的连环画

（出自章程改编连环画《在烈火中永生》，天津人民美术出版社，1962年版）

此外，观众在观看了歌剧《江姐》后，也写了大量的观后感。如1964年6月29日发表在《戏剧报》上的一篇题为《以江姐为榜样》的文章中这样写道："前些日子，看了空军政治部文工团歌舞剧一团来上海演出的歌剧《江姐》，感到格外高兴。这个戏剧本很好，演出也好，使我对《红岩》中革命先烈的深厚感情又一次激荡起来……在厂内厂外演出了十场，起到了一定的教育作用，一直到现在，还有不少同志提到《江姐》的演出。从此，江姐的英雄形象铭刻在我心中。每次想到江姐或听人提到江姐，对我就是一次鼓励和鞭策。我总在想，自己怎样才能像江姐一样为革命尽职。这几年来，我在党的培养教育下，做了一些应该做的工作，党又给了我不少荣誉，我被评上了上海市三八红旗手、五好职工等。每当我想起江姐时，我就感到自己比江姐还差得很远。今后，我一定要继续以江姐为榜样，好好学习毛主席著作，干一辈子革命，当一辈子业余演员，演一辈子革命现代戏，做一个又会劳动、又会从事文艺活动的人。"①

由歌剧《江姐》所催生的第一次"江姐热"由此可见一斑。

（二）第二次"江姐热"：20世纪70年代后期至90年代

20世纪70年代后期，歌剧《江姐》迎来第二次热潮，人们对于《红岩》以及江姐的讨论又随之频繁起来。这也反映出人们对江姐生平的研究在不断加深。在这一阶段，又一批关于江姐的史料被发掘出来，例如出现了江姐的亲密战友王珍如、亲戚杨韵贤的口述史料。在王珍如老人的叙述之中，江姐是一个为了中华民族解放事业而忍受骨肉分离之苦的革命志士；杨韵贤老人则重点介绍了江姐在四川大学加入女声社、竞选学生会主席、参与昆明惨案悼念活动、在白色恐怖之下参与示威活动等进步运动以及在困难条件下产子的诸多细节，对江姐在四川大学的生活进行了一定的补充。众多研究者在对江姐的亲友进行走访之后，对江姐小时候的生活也有了更多的了解，如江姐是如何爱护亲弟弟江正的。② 通过这一阶段对江姐有关资料的发掘，研究者对于江姐的形象认知更为具体全面了。在这一时期，《红岩》的部分章节被编入学生课本，进入校园，校园也因此成为学习"江姐精神"的重要场所。随着江姐在中小学教材中出现频率的增加，江姐作为一种文化象征的趋势更强了。

还需要注意的是，这一时期各地出版社出版了一系列江姐连环画、江姐歌曲选集、《江姐的故事》等文学作品，江姐信封、江姐日记本、江姐笔记本等各种形式的文具用品也出现在大众的视野。这一时期的江姐精神的内涵更为丰富，受其影响的群体更为广泛，江姐精神与这一时代的雷锋精神、焦裕禄精神融为一体，成为激励中华民族前进的巨大精神动力，鼓舞着人民群众全身心建设社会主义。

---

① 周光仙：《以江姐为榜样》，《戏剧报》1964年Z1期。
② 丁少颖：《江姐之弟 一生遗憾总伤情——〈寻访江姐的亲友们〉之一》，《春秋》2001年第3期。

三、历史使命:"江姐精神"符号化

一代代文艺工作者为党的文艺事业努力奋斗,不断促进着"江姐精神"的升华。20世纪60年代以来,产生巨大影响的歌剧《江姐》分别于1963年、1977年、1984年、1991年四度排演,而《江姐》总谱的最终形成,也经历了一个漫长的过程,前后有过数十次修改,跨越了将近四十年。

什么是"江姐精神",在相关文献中并没有明确的表述。新中国成立初期,随着《在烈火中永生》《红岩》等经典文学作品的出现,"江姐"这一称呼开始为人们熟知,掀起了第一次"江姐热"。20世纪70至90年代,随着歌剧《江姐》的公演,人们将江姐作为学习榜样,掀起了第二次"江姐热"。"江姐热"两度被掀起,说明人民群众对江姐的认识日渐清晰,"江姐精神"也逐渐被赋予各种新的意义。

实际上,在我们所知道的诸多史料中,"江姐"的形象正是通过许多"革命"的文化符号被不断经典化的,时代的需要使江姐成为"革命""坚定"等的象征。由此,"江姐精神"的内涵也逐渐成熟、完善,被赋予"红色文化""思想信念""人格力量""浩然正气"等象征符号,这正是人们对这一个体生命的形象进行重新构建的结果。

第三节 江姐精神的内涵阐释与传承弘扬

"红岩上红梅开,千里冰霜脚下踩。三九严寒何所惧,一片丹心向阳开,向阳开。红梅花儿开,朵朵放光彩。昂首怒放花万朵,香飘云天外……"广为传唱的经典红色歌曲《红梅赞》,将江姐比作傲雪凌霜的红梅,使江姐英勇不屈的形象深入人心。人们在聆听歌曲的时候,可以想象出这样一幅画面:身穿蓝旗袍红毛衣的革命志士江姐,不畏风雨,勇敢前行。江姐用生命谱写了一曲散发着时代光辉的壮丽诗篇，并将其凝聚成激励一代又一代中华儿女的江姐精神。著名红岩烈士江姐的英雄事迹为人们所熟知，她英勇不屈、为革命奋战到底的民族大爱，感人至深的母爱情怀，在相关的文艺作品中都得到了完美的诠释。

一、江姐精神的内涵阐释

江姐原名江竹君，在国立四川大学就读期间用名江志炜。1920年8月出生于四川省自贡市大山铺的一户普通农家，8岁时跟随母亲逃荒到重庆，在舅舅李义铭的资助下进入学校读书。1939年加入中国共产党，为推翻国民党反动统治、解放全中国而勇敢斗争。1944年春，江姐在重庆开展革命工作时被特务跟踪，重庆地下组织安排她撤离到成都。鉴于当时的国立四川大学是西南进步势力的大本营，是隐蔽身份的理想之地，党组织安排江姐考入国立四川大学农学院，就读于植物病虫害系。一年后，江姐转入农艺系。1946年8月，中共重庆市委决定让江姐回到重庆继续开展革命工作，当时在重庆休暑假的江姐便委托同学代办了休学手续，继续投身到火热的革命工作之中，直到被捕牺牲。

在艰苦卓绝的革命斗争中，江姐是一名坚定的革命战士，但她同时也是一名普通的女性，是孩子依恋的母亲，她的独立、自强感染着身边的人，她的精神和品格值得后人学习。

江姐精神是红色文化的重要组成部分，也是带有川大印记的知识分子革命精神的典型代表。江姐是共产主义理想信念极其坚定的共产党员的典型代表，她的名字在中国共产主义革命史上具有符号意义。江姐精神是中国传统知识分子的家国情怀、入世理念与共产主义理想和信仰相结合的产物，并且迸发出了强大的精神力量，对于当代大学生的核心价值观教育具有重大意义。

（一）矢志不渝：坚守信仰、无限忠诚的政治品格

江姐对共产主义的信仰无比坚定，任何酷刑都不能动摇她的意志。对党无限忠诚，无论什么情况下都绝不会出卖组织，这是江姐身上最耀眼的品质。

1939年，江姐在接受入党谈话时，对于为什么要入党这一问题，她说："要革命还怕什么？革命本身就不是安乐与享受。我决定入党，就是决定把自己的一切贡献给革命事业，甚至献出宝贵的生命。"她是这样说的，也是这样做的。在加入中国共产党后，江姐有了更明确的信仰和前进方向，以及革命必胜的信念。

1948年6月，由于叛徒出卖，江姐不幸被捕入狱。因为她是彭咏梧的妻子，又是重庆地下组织的工作联络人，特务们知道她掌握着很多重要情报，都妄图从这个瘦弱、矮小，刚刚失去丈夫，又有着孩子牵挂的年轻女子身上打开一个突破口。反动派对江姐施以严刑拷打，但江姐早已将生死置之度外，虽身陷囹圄，但她没有一丝畏惧，始终坚持对党的忠诚，誓死为革命事业奋斗到底。

我们来看一段曾经审讯过江姐的特务张界于1972年在四川省第二监狱服刑期间交代的材料：

> 一开始，徐匪（徐匪指的是时任国民党军统局本部行动处少将处长、西南长官公署第二处处长的徐远举）就要尽威逼利诱的手法，让江烈士（指江姐）"把组织和组织上的人全部交出来，可以'自新'，否则后果可想而知，交出你的组织的人在这里，不信，可以给你见面，你不交组织是不行的"。可无论怎样威逼，江烈士坚决不承认自己是地下党员。徐匪拍桌大叫："如果不交出组织，马上就用严刑。"江烈士说："杀我的头，我也不是地下党，咋交我的组织？我不是地下党，谁也交不出我的组织，那是他的胡言乱语。"徐匪就冒出反动

的火来，叫当班的军士把竹筷子拿来。顷刻，一把新竹筷子放在江烈士的指间，当班特务军士两手紧握筷子的两头，来回在烈士的手指上猛夹。江烈士忍着痛，连声喊："哟！哟！"弯腰下去站不起来。江烈士满脸流着革命的汗水，顷刻间脸变得苍白，声音也发不出来。徐匪叫特务军士把手放开让她说，江烈士站起来说："今天，你就是把我杀了，我没有组织就是没有组织。"徐匪叫嚷："不说就把你吊起来，看你说不说。"于是当班特务军士拿了一根又长又粗的麻绳来，使力向楼板上一甩。徐匪以为这一下可以把江烈士威胁到，可是江烈士对麻绳连一眼都没有望。这时门外站着很多男特务和两个女特务，看到江烈士英勇斗争的精神，都在纷纷议论。徐匪从上午9点多钟整到了11点多钟，完全失败了。

当天下午，徐匪又叫陆坚如继续进行残酷迫害。陆坚如总认为他的反动本领大，特别是徐匪问不出组织来的案件，到了他的手，他的反动劲头就更大了。凭他的反动言论，是骗不出江烈士的组织来的，胡话说了不到半个小时，竹筷子又夹到江烈士的十个手指上。当班的军士都是从匪军统特务团改编时调来的，个个反动劲头顶大，都是一些吃人的野兽，一叫他们夹筷子，他们就拼命地夹。筷子一上江烈士的手，江烈士就蹲下来。由于江烈士的手上午刚受过筷子夹的创伤，还未得到恢复，又在创伤上继续用原刑，使痛更深一层。陆匪叫嚷："什么时候说出组织来才放下筷子。"筷子一阵又一阵来回在江烈士手上猛夹，江烈士痛得死去活来，头都竖立不起。竹筷子还在夹，江烈士一直不承认她是地下党员。从1点多钟整到4点多钟，江烈士虽然受尽苦痛，她坚强的革命意志丝毫未变，江烈士喘了一口气说："刀，也好，枪，也好，都不能使一个不是地下党员（的人）变成地下党员。"陆匪听了更加嚣张起来，老虎凳也搬了来。江烈士正在准备接受第二种刑具迫害，陆匪跑去和徐匪筹划对策。第二天徐匪叫把江烈士送往匪渣滓洞看守所关押。

一个星期后，徐匪叫我去渣滓洞再一次对江烈士进行迫害。江烈士来到"侦讯"的地方，态度自若、毫无畏惧的样子。开始问她的话，她答复很自然，说："我也受了不少痛苦，如果是地下党，我早就把组织交出来了。我确实不是地下党，说我是地下党的人，是骗你们害我的，希望你们再不受那个人的骗了。"竹筷子又夹在了江烈士的手上。（旁白：这里张界没说怎么给江姐用刑的，据叛徒罗隽文交代说："江竹筠很坚定，特务张界审讯她是一夹指头，她就昏死过去。以后张界就慢慢地夹，折磨她，但仍无丝毫用处。"）江烈士双眼现出无比愤恨的神情，说："你们这样的蛮横，总以为刑具可以改变真相，可那是改变不了的，还是收起来吧！如果我是地下党，也不等到今天，早就说出来了。老实告诉你们，这样做是枉费心机的，永远也不会达到你们的目的，我不是地下党，死，我也不能说我是地下党……"

江姐刚入狱时，狱中的革命者都为她捏了一把汗，觉得这位身材瘦小的女同志顶不住敌人的酷刑。在狱中，革命者如果没有坚定的信仰和对革命事业的绝对忠诚，是根本无法忍受如此酷刑的。因此，大家一开始都认为江姐可能也会像重庆地下组织负责人刘国定、冉益智等人那样背叛革命。江姐是川东党组织的联络员，知道很多党的秘密，但是面对敌人的严刑拷打，她始终坚贞不屈，一个字也没有透露。她说："你们可以打断我的手，杀我的头，要组织是没有的！"江姐的英勇表现令大家刮目相看，这就是信仰的力量。她的坚强大大鼓舞了渣滓洞中革命志士同敌人斗争的士气，大家在狱中形成了互相鼓励、互相支持的斗争氛围。革命志士何雪松更是专门为江姐作《灵魂颂》："你，你是丹娘的化身，你是苏菲亚的精灵，不，你就是你，你是中华儿女革命的典型！"是的，江姐是一位普通但信仰无比坚定的共产党员，坚定的信仰成为她战胜酷刑的强大精神力量。她受刑归来，同志们暗中鼓励并秘密写信给她，她在回信中写出了流传至今的名言:"毒刑拷打,那是太小的考验,竹签子是竹子做的,共产党员的意志是钢铁。"

(二) 政治智慧:敢于斗争、善于斗争的使命担当

敢于斗争,善于斗争,注意斗争的艺术,掌握斗争的分寸,是共产党员在面对各种矛盾和实现民族伟大复兴道路上必须掌握的本领和秉持的原则,也是中国共产党人的优秀品格和自觉要求。习近平总书记在2019年9月3日中央党校中青年干部培训班开班式讲话中指出,领导干部不论在哪个岗位、担任什么职务,都要"培养和保持顽强的斗争精神、坚韧的斗争意志、高超的斗争本领"。他强调"斗争是一门艺术,要善于斗争","要注重策略方法,讲求斗争艺术。要抓主要矛盾、抓矛盾的主要方面,坚持有理有利有节,合理选择斗争方式、把握斗争火候,在原则问题上寸步不让,在策略问题上灵活机动","坚持战略判断和战术决断相统一、坚持斗争过程和斗争实效相统一"。

江姐始终善于斗争、敢于斗争,并熟练掌握了对敌斗争的艺术,是共产党员斗争精神的力行者,彰显了革命战士的政治智慧,是新时代砥砺斗争的榜样。

在重庆中华职校期间,江姐为了顺利发完揭露"皖南事变"真相的传单,就在晚上带领同学们跳舞,等大家都累趴下、睡得很熟之后再悄悄出去,巧妙地避开了特务的视线。在重庆开展地下工作时,为了能跟上级顺利接头,她也想了很多办法,保证了接头工作的安全。

在国立四川大学读书时期,江姐参加了三个进步学生社团——民主青年协会、文学笔会和女声社。为了遵守共产党地下工作的原则——地下工作者在敌后斗争中,不能冲锋在前,抛头露面,以免被特务盯上,给党组织造成不必要的损失,江姐除在影响范围局限于女生院的女声社中担任了副社长外,从未担任过其他社团干部。但她总是在背后默默关注这些学生社团的发展,观察社团干部的长处和不足,认真总结社团活动的经验教

训，帮助社团发展壮大。譬如，江姐观察到化学系蒋国基同学品学兼优，在同学中很有威信，他参加的社团吸引了一批中间同学，就跟民协骨干赵锡骅等论及此事，建议民协加强与中间同学的联系。民协随即采纳了这个建议，扩大了民协的影响。文学笔会迅速壮大后，吸引了大量的同学加入，但也影响了其他进步社团的发展，引起了其他进步社团成员的不满。对此，江姐也及时予以提醒，促进了进步社团之间的团结。

四川大学学生自治会是学校官方认可的学生组织，为影响和掌握它，使之成为进步力量的助力，江姐充分利用选举规则——四处借不关心政治的同学的学生证并交给其他进步同学参加投票（自治会主席选举是一个学生证可投一票），顺利地将进步学生选为自治会主席，从而成功地将学生自治会控制在进步力量的手中，为开展学生革命活动提供了诸多便利。

1944年，"市中事件"发生后，江姐发动黄芬等有一定家庭背景的同学迅速调查事件真相，并向同学们宣传和揭露，迫使敌人不得不让步，将相关人员撤职查办。

1946年，江姐回到重庆后，负责六一社、重庆育才学校、重庆女子师范学院、西南学院的党组织和进步社团工作，她利用在四川大学就读期间总结出的活动经验指导工作，取得了相当大的实效。

江姐还是位勇敢的战士。1948年1月，川东的起义失败，江姐的爱人彭咏梧的头颅被敌人挂在城门上，她作为川东临委和川东地委的联络员，也随时有被捕的危险。在这样的情况下，她仍旧没有退缩，强忍悲痛对党组织表示："这条线的关系只有我熟悉，别人代替有困难，我应该在老彭倒下的地方继续战斗。"她承担起川东的善后工作，最后不幸被叛徒出卖，继而被捕。

在监狱中，江姐面对酷刑铁骨铮铮，坚贞不屈，她坚称自己不是共产党员，不知道什么组织。她还组织革命者互相写信鼓励，认真学习党的理论，总结失败的经验教训，策反看守为革命者传递信息。虽然江姐于1949年11月14日英勇牺牲，但她之前在狱中的一系列行动使"一一·二七"

大屠杀中一些革命者成功获救,这充分展示了她的斗争精神和斗争艺术。

(三)政治站位:严守纪律、舍生取义的大局观念

纪律是团队文化的核心,是团队生存和作战的根本保障。来之能战,战之能胜,一个有战斗力的团队,一定是有着钢铁般纪律的团队。习近平总书记曾经说过:"我们党是靠革命理想和铁的纪律组织起来的马克思主义政党,纪律严明是党的光荣传统和独特优势。"他还多次引用毛泽东同志的话——"加强纪律性,革命无不胜",指出"在革命战争年代加强纪律是战胜敌人、争取胜利的首要条件,在新的历史条件下全面建成小康社会、基本实现现代化,同样要靠铁的纪律保证。"

中华民族还有很多优秀的文化传统,民族英雄文天祥的"人生自古谁无死,留取丹心照汗青",林则徐的"苟利国家生死以,岂因祸福避趋之",孟子的"自反而缩,虽千万人,吾往矣"等,也成为以江姐为代表的在中华文化传统中长大的先烈们的重要营养来源。传统知识分子的风骨与担当,他们的民族脊梁意识与骄傲,在大义面前舍生忘死的沉着与坦然,与无产阶级政党钢铁般的纪律意识相结合,使全国的共产党员形成了一股无比强大的力量,支撑着我党从南湖的红船上开天辟地,不畏艰险,一路披荆斩棘,直到推翻国民党的反动统治,建立了新中国。严守纪律、舍生取义的大局观是共产党人的重要精神特质,也是以江姐精神为代表的红色文化的重要精神内涵。

江姐始终把党的利益看得高于一切,在党的利益与个人利益发生冲突时,坚决克服个人的困难,把党的利益放到首位。她坚决服从组织的安排,并尽全力做好组织安排的工作,展现出了强烈的大局意识和纪律观念。

1943年,党组织出于安全考虑,指派身为党员的江姐给当时的重庆市委第一委员彭咏梧当助手,并假扮夫妻,以掩护处于整党阶段的重庆党组织的工作。当时江姐还是一个未谈过恋爱的大姑娘,实在没有任何经验去

支持"假扮夫妻掩护组织"这个任务。在那个观念还不开放的年代，想到世俗的眼光、旁人的议论，江姐从内心来说是不愿意接受这份工作的，但她还是同意了，并向组织保证："组织分配给我的任务，我一定尽力完成。"而且，这种假扮的夫妻，如果不用心去扮演，注意细节的话，很容易被别人看出破绽。为了扮得像，江姐不得不放下少女的矜持和羞涩，非常用心地从细节方面入手。她常带彭咏梧见自己的亲人和朋友，以至于她的父母、弟弟和亲戚都以为她和彭咏梧是真夫妻。经过长期的并肩作战，江姐和"假丈夫"彭咏梧惺惺相惜，最终修成正果，成为真正的夫妻，并且有了儿子彭云。

在渣滓洞监狱中，敌人知道她是彭咏梧的妻子和川东党组织的联络人，就想以她为突破口。为了保守党的秘密，江姐抱着必死的决心，她唯一的想法就是把敌人的线索掐断在自己这里。为了不让党组织的损失继续扩大，她忍受了很多的酷刑折磨，以一己之力保护了党组织的安全。

（四）家国情怀：无私奉献、舍小家为大家的人间大爱

家是最小国，国是千万家。习近平总书记深刻指出："只有把自己的小我融入祖国的大我、人民的大我之中，与时代同步伐、与人民共命运，才能更好实现人生价值、升华人生境界。"江姐始终以天下为己任，报效国家，胸怀天下，彰显了中华儿女炽热的家国情怀，是新时代增强民族凝聚力、构建命运共同体的磅礴伟力。

江姐的家国情怀主要体现在两个方面：一是她拥有为国为民的家国大爱，甘愿为国家和民族的前途牺牲一切。江姐读过小学、初中、高中、会计学校，在那个文盲率超过90％的时代，江姐已经属于高级知识分子了。凭着舅舅在重庆的关系和自己的学历，她不难寻到一份待遇优厚的工作，嫁人生子，过上幸福的生活。然而江姐却坚定地选择了一条最为艰辛又充满着危险的征程——加入中国共产党，为国家和民族而奋斗。她曾对她的挚友何理立说："我们要做秋瑾这样的女杰，为追求真理而死，为拯救中华民族而牺牲！"二是她有血有肉、有情有爱，对家庭、对丈夫、对孩子充满了爱，并且将这种对家庭、亲人的爱与对国家的大爱结合起来，当家庭利益与党和国家的利益发生冲突时，毅然弃小家保大家。江姐曾经这样写道："为了革命工作需要，什么都可以舍去。"她始终秉持没有大家哪来小家的观念，认为牺牲自己一个家是为了让更多的家庭过上好日子。为了在以后的革命工作中能够轻装上阵，她在生孩子时在未征得丈夫同意的情况下，强烈要求在做剖宫产手术时一并实施绝育手术。四川大学华西医院如今还存有她的手术记录。在那个多子多福观念盛行的年代，为了革命工作，她毅然放弃了一个女人再次做母亲的权利，连丈夫彭咏梧一开始都无法接受她的这种做法。当然，当她向丈夫仔细解释过后，彭咏梧很快就认同了她的决定。

作为妻子，江姐深爱自己的丈夫。在彭咏梧牺牲后，她忍受着巨大的悲痛，一边坚持工作，一边在家书中表露自己的悲伤之情："这惨痛的袭击你们是不会领略得到的……活人可以在活人的心里死去，死人可以在活人的心中活着……"作为母亲，她深爱自己的孩子，在多封信中告诫亲人不要对孩子娇宠溺爱，粗茶淡饭足矣。这些书信饱含着一个革命英雄母亲对于孩子的深切厚爱和殷切希望。但为了党的革命事业，她毅然将仅有几个月大还在吃奶的唯一的幼子寄养在别人家里，按照党组织的安排走向川东发动武装起义的前线。在深爱的丈夫牺牲后，她强忍悲痛，毅然申请继续战斗在丈夫倒下的地方，直到被捕、牺牲。江姐遗书中有一句话最令人动容："假若不幸的话，云儿就送给你了，盼教以踏着父母之足迹，以建设新中国为志，为共产主义革命事业奋斗到底。"当党员的身份和母亲的角色相冲突时，江姐选择大家舍弃小家，更把她毕生追寻的信仰——家国情怀，寄托在了下一代身上。

（五）追求真理：孜孜不倦、坚持不懈的学习精神

不论在什么环境中，江姐都想方设法克服困难，认真学习文化知识和

153

党的理论，不断从学习中汲取营养、积聚力量，随时准备用学到的知识报效国家。

江姐的童年经历使她异常珍惜来之不易的学习时光，她在读小学时曾经连跳三级，且跳级后还能获得第一名；读中学时得到过学校的最高荣誉——银盾奖。江姐在国立四川大学读书期间，按照中共中央南方局对党员勤业、勤学、勤交友的"三勤"要求，求知若渴，锲而不舍，成为优良学风的倡导者与力行者。

由于只读了一年高中，大学时代的江姐，刚开始时有的功课学起来很吃力，但是她通过自己的不懈努力，克服了困难，成为一名成绩优良的学生，并且积极引导身边同学努力学习。课后，她酷爱阅读进步书报，经常与同学们阅读《新华日报》以及其他进步书刊。为了读懂来自列宁故乡的俄文书刊，她还经常与同学们从望江楼前坐小木船渡河，到同学家里去学习俄语。江姐被捕以后，在狱中也不忘号召大家坚持学习、锻炼身体。她认为，虽在狱中，不能参与前线斗争，但也不能坐等革命胜利，使自身能力下降，从而成为革命的包袱，而应当时刻加强学习。她在艰苦的环境条件下，用筷子磨成竹签做笔，用烂棉絮烧成灰制成墨水——江姐的托孤遗书就是这样写成的。据江姐的狱友们回忆，江姐在狱中还默写下毛主席的《新民主主义论》等，供狱友们学习，狱友们也用各自的知识储备默写出教材来交换学习。在江姐的带领下，牢房变成了学堂，战友们早晚锻炼，白天学习，以期待革命胜利后以健康的身躯和渊博的学识投身于新中国的建设事业。在最后的日子里，江姐还与大家讨论各自从革命斗争中获得的体会和感悟，思考重庆地下组织出现问题的原因。1949年1月17日，江姐口头拟了一份讨论大纲："一、被捕前的总结；二、被捕后案情应付；三、狱中的学习。"这也成为日后"狱中八条"形成的基础。

（六）优秀品格：艰苦奋斗、朴素无华的生活作风

艰苦奋斗是我党的优良传统，也是保持党和人民群众血肉联系的纽带和基础，是党的事业走向胜利的重要法宝。

江姐组织渣滓洞中的狱友讨论重庆党组织被破坏的教训，形成了《关于重庆组织破坏经过和狱中情形的报告》，其中第七部分是"狱中意见"，后被党史工作者提炼为"狱中八条"。其中第一条就是"防止领导成员腐化"，第六条是"重视党员特别是领导干部的经济、恋爱和生活作风问题"，第七条是"严格进行整党整风"。这些都是从血的教训中总结出来的对党的忠告，阐明了艰苦奋斗的生活作风对于党的事业的重要性，也是以江姐精神为代表的红色文化的精神核心之一，对于今天党的作风建设仍然具有重要意义。

江姐多难的童年不仅造就了她坚韧的性格，也养成了她简朴的生活作风。在四川大学读书时，江姐和女生院多数同学一样，靠领学校的补助维持生活。她作为女声社副社长，组织策划自办伙食团，既节约了伙食费，用有限的钱维持大家的生活，也由此争取了许多中间同学加入进步社团。当时的印染布很贵，江姐还时常带领同学们自己买白布并学习染布、做衣服。今天的江姐纪念馆内有一棵已有百年树龄的皂荚树，它见证了当年江姐带领女生们捡树上掉下来的皂荚洗衣服的情景。

江姐在牺牲之前已做好将孩子托付给丈夫的前妻谭正伦的打算，他给谭正伦的弟弟谭竹安写了一封托孤遗书，其中这样写道：

"友人告知我你的近况，我感到非常难受。么（幺）姐及两个孩子给你的负担的确是太重了，尤其是在现在的物价情况下，以你仅有的收入，不知把你拖成甚（什）么个样子。""孩子们决不要骄（娇）养，粗茶淡饭足矣。么（幺）姐是否仍在重庆？若在，云儿可以不必送托儿所，可节省一笔费用。你以为如何？"

江姐在信中表达了自己对谭竹安的感激与问候，满怀愧疚及拖累之意，体现出了良好的个人道德品格。对于儿子的抚养，她嘱托亲人们"不要娇养，粗茶淡饭足矣"，反映了江姐艰苦朴素的生活作风，也反映了共产党员的优良家风。

二、传承弘扬江姐精神，培养新时代红色传人

党的十九大以来，作为红岩烈士江姐的母校，四川大学坚决贯彻落实习近平总书记关于"要把红色资源利用好、把红色传统发扬好、把红色基因传承好"的重要指示精神，秉持学习弘扬江姐所留下的精神财富的理念，使红色基因在广大学子中代代传承，培育担当民族复兴大任的时代新人。

（一）树形象，优秀的道德榜样

习近平总书记在会见第四届全国道德模范时指出："弘扬真善美，传播正能量，激励人民群众崇德向善、见贤思齐，鼓励全社会积善成德、明德惟馨。"江姐精神为大学生思想政治教育提供了丰富的素材。江姐对革命的信念、对朋友的关心、对孩子的关爱，勾画出了一个鲜活的革命形象，起到了良好的榜样示范作用。作为校友的江姐，为当代川大学子树立了良好的道德榜样。其革命志士形象鼓舞着当代青年奋发图强，指引着他们学习革命志士的爱国精神、牺牲精神和学习精神，帮助他们树立正确的人生观、价值观，引领他们成长为独立自强、有着高尚道德情操的人，肩负起中华民族伟大复兴和祖国建设的重担。

为了充分发挥江姐道德榜样的作用，四川大学采取了以下举措。

第一，打造江姐纪念馆，并将其作为传承弘扬学校红色文化与革命传统、开展爱国主义教育的重要基地。2018年秋，学校深入挖掘档案资源，对江姐在校读书时期居住的女生宿舍进行了修缮改造，打造了"锦江红梅傲雪开——四川大学校友江竹筠烈士纪念展"。2019年11月，经中央主管部门批准，江姐纪念馆正式定名，并加挂"四川大学革命英烈事迹陈列馆"。2019年11月14日，在江姐牺牲70周年纪念日之际，四川大学举办了隆重的江姐纪念馆揭牌仪式。数百名川大师生齐聚在江姐曾经学习、生活过的地方，共同参加了一场"不忘初心、牢记使命"主题教育活动，追

寻先辈足迹，见证历史印记，深切缅怀革命英烈的英勇事迹，传承弘扬优良革命传统。同时，由四川大学档案馆制作的 3D 线上江姐纪念馆已于 2020 年清明期间上线，进一步满足了师生缅怀革命先烈的需求。江姐纪念馆以图片、文献、视频、历史现场复原等形式，全面呈现了江姐的成长历程，在川大求学期间勤奋学习追求新知、指导进步社团、策划学生运动的经历，以及为了革命事业毅然前行、顽强战斗，面对敌人酷刑始终正气凛然、忠贞不屈，最后百炼成钢、英勇就义的光辉历程。

第二，创作推广"江姐在川大"主题系列红色文艺精品。学校组织高水平学生艺术团，在对江姐精神及其时代意义进行深度挖掘的基础上，创作了大型文艺节目《江姐颂》，通过音诗画等多种艺术形式相结合的方式，以歌舞作为主要艺术表现手段，穿插朗诵，带领观众重温热血历史。以川大学生为主的创作团队，根据江姐在川大求学成长的经历，创作并演出了大型舞台剧《江姐在川大》。该剧在校内外演出多场，取得了非常好的效果。由四川大学艺术学院专业编剧、导演和专业演职队伍创作的纪念江姐诞辰 100 周年的大型诗意话剧《待放》，在江姐诞辰 100 周年时在成都市公开演出，形成热烈反响。这些以挖掘江姐精神为代表的校园红色文化节目，极大地丰富了师生的课余文化生活，也掀起了师生对红色文化、中国革命史、中共党史、共产主义理想信念的学习、研讨热潮。同时，四川大学积极建设"江姐班""江姐党支部"，把对江姐革命事迹的学习传承、对红岩精神的弘扬践行融入学生班级建设中，把红色文化的传承与专业技能的学习结合起来，融报国热情于学风建设、科技攻关的实践之中，并注重发挥好"江姐班""江姐党支部"对全校各班级同学的辐射和引领作用，用鲜活的红色文化传统引领同学们的日常生活学习，深化学生思想政治教育。

（二）立信仰，宝贵的精神财富

面对敌人的严刑拷打，江姐始终坚贞不屈，并说出了一句激励几代人的话："毒刑拷打，那是太小的考验，竹签子是竹子做的，共产党员的意志是钢铁！"她以自己的思想和行动诠释了信仰的力量有多强大，生命有多顽强，人民与国家的利益在革命者的心中有多重要。我们被江姐崇高的思想境界所感动。江姐精神所对应的不是一个人，而是以江姐为典型代表的、在革命年代为了中国革命和民族振兴而不惜牺牲自己乃至家庭的全体英雄。他们信仰至上、舍生忘死的牺牲精神，为世人所铭记。江姐精神象征着共产党人披荆斩棘，带领全国人民取得胜利的勇往直前的革命奋进精神。据考证，在胜利的黎明前牺牲于渣滓洞监狱的川大人有江竹筠、马秀英、李惠明、何懋金等十名英烈，他们就是川大红岩精神的代表。

四川大学充分挖掘各种馆藏资源，调动多方积极性，着力建设打造江姐文献文库、江姐专题研究项目，依托学校"习近平新时代中国特色社会主义思想青年学习会"、党史党建研究会、"竹筠论坛"等开展各类活动，大力弘扬江姐精神和红岩精神。比如，开展"江姐在川大"主题报告会，讲述了江姐在四川大学求学时的经历，阐释了"江姐精神"的丰富内涵及时代价值。在和平年代，我们已很少面临生与死的考验、血与火的洗礼，但却经受着更多物质和精神上的诱惑。实现中华民族的伟大复兴，需要我们把个人理想追求融入振兴国家和造福人民的波澜壮阔的事业中，兢兢业业、无私奉献，以更加坚定的家国情怀、更加高远的理想追求、更加执着的报国信念，铸就时代的精神高地，为走向未来积蓄磅礴力量。新时代川大人要时刻牢记党的重托，为党的事业竭心尽力；要坚定理想信念，以国家富强、人民幸福为己任，胸怀理想、志存高远，积极投身于中国特色社会主义伟大实践，并为之奋斗终生。

国立四川大学是四川进步势力的大本营、西南一带传播革命种子的园地，自建校之日起，就在血与火的洗礼中涌现了一大批与时代和人民同呼吸、共命运的仁人志士。据不完全统计，在民主革命和建立新中国波澜壮阔的革命斗争中，有80多名川大人献出了宝贵的生命。江姐、王右木、恽代英、杨闇公、刘伯坚等革命英烈就是其中的典型代表。他们的爱国情、报国志，铸就了四川大学光荣的革命传统和深厚的红色基因，红色文化与爱国奉献成为川大校园文化的核心基因。为延续这一红色基因，四川大学做出了很多努力。一方面，学校出版《川大英烈》图书，并于2019年11月14日在江姐纪念馆面向全校师生员工开展了免费赠阅活动，共赠阅图书500余本；于2020年6月积极拍摄《川大英烈》专题片，弘扬和传承红色文化基因，繁荣校园文化。另一方面，举行清明节与烈士纪念日缅怀川大英烈活动。比如，在新中国成立70周年前夕和国家第六个烈士纪念日，学校在江安校区川大英烈碑前举行"做新时代红色传人"暨缅怀革命先烈活动，深切缅怀曾经在川大学习和工作过的革命先烈，重温革命先烈的丰功伟绩，追寻革命先烈的光辉足迹，引导师生弘扬爱国主义精神，传承红色基因，涵养家国情怀，增强历史责任感和使命感。

（三）守初心，理想信念的传承

思想政治教育首先要从爱国主义教育做起。无数革命先烈为国家的前途和命运抛头颅、洒热血，在民族生死存亡的紧要关头，他们将国家和民族的利益视作比生命更为宝贵的东西，彰显了强烈的爱国情怀。习近平总书记在全国高校思想政治工作会议上指出，"要坚持把立德树人作为中心环节，把思想政治工作贯穿教育教学全过程，实现全程育人、全方位育人，努力开创我国高等教育事业发展新局面。"高校学生思想政治教育关系到祖国的社会主义建设事业，是教育工作的重中之重。因此，在对江姐精神进行解读的同时，将其融入学生的思想政治教育工作中，具有重大的意义。

以对江姐革命事迹与革命精神的宣传教育为主要切入口，四川大学当前正全面深化对学校红色文化及革命精神传统的传承弘扬，着力以红色文化为重点，创新推进大学文化、大学精神建设与校园文化育人工作，把传承弘扬红色文化与开展"不忘初心、牢记使命"主题教育活动结合起来，激发师生爱国奋斗、建功立业的热情，促进学校世界一流大学建设。学校整合了校史馆、图书馆等单位拥有的各类资源,举办了"红色文化传统专题展""纪念马克思诞辰200周年主题文献展""四川大学与马克思主义在中国的传播专题展""四川大学革命烈士毕业论文展"等展览,出版了《四川大学图书馆馆藏革命烈士毕业论文选》等图书,展示了四川大学师生为民族解放、国家富强、人民幸福而不懈奋斗、砥砺前行的光辉历程。此外,举办了"红色文化主题校史演讲大赛""红色文化校史知识竞赛"等,传承弘扬四川大学红色文化传统,激发在校学生的爱国爱校情怀。通过开办"纪念五四运动100周年校史大讲堂""'弘扬革命传统、传承红色文化'学习报告会"等活动,引领学生回顾四川大学的一批仁人志士在中国共产党的领导下高举革命旗帜,战斗在革命斗争的第一线的事迹。革命先辈们用热情和热血熔铸了四川大学光荣的革命文化,启发学生去感受和体会理想信念在困难之时所迸发出的巨大力量。

学校组织实施了"川大历史、文化、精神传承弘扬计划",包括口述史料抢救计划、"百廿川大影像志"录制计划、红色校史文化专题教育计划、"人物川大"系列丛书出版计划、红色文化数字展示平台建设计划,设立了"弘扬江姐精神,传承红色文化"校级研究课题、"四川大学革命英烈研究专项"科研项目等,进一步组织校内历史研究、马克思主义研究、校史研究等团队全面提炼学校红色文化独特的精神内核,让优良革命传统全面渗入学校人才培养、队伍建设、制度建设、环境建设等方面。同时,积极与红色场馆开展合作,如与江油市王右木纪念馆合作,共同发掘文史资料;与荣县吴玉章故居陈列馆合作,共同举办专题展览,开展学术研究,推动红色资源共享共建。学校还与重庆市委宣传部、四川省委宣传部、重庆市红岩联线文化发展管理中心联合举办了"让烈士回家"系列主题活动暨红岩精神四川行活动,成功举办纪念江姐诞辰100周年系列活动(含艺术演出、学术研讨、江姐专题展览等活动)。

习近平总书记在庆祝中国共产党成立95周年大会上指出:"一切向前走,都不能忘记走过的路;走得再远、走到再光辉的未来,也不能忘记走过的过去，不能忘记为什么出发。"四川大学以江姐精神激励全校师生把握时代机遇，开拓进取，不忘初心，勇于担当历史使命。一方面，可以使教职工积极投身教育事业，教书育人；另一方面，也可以激励学生努力学习，报效祖国。回首来路，四川大学始终坚持守初心、担使命、铸信仰，用不畏风雨的拼搏精神和砥砺前行的使命担当，激励广大青年学子努力奋进，为实现中华民族伟大复兴的中国梦而不懈奋斗。

附 录

附录一　以江姐为核心题材的部分文艺作品目录

（一）以江姐为核心题材的美术作品

1.《浩气长存（烈士群雕）》，雕塑，江碧波、叶毓山，1986年，位于歌乐山烈士陵园。

2.《红岩》，连环画，钟志坚改编，黑龙江美术出版社，1965年。

3.《红岩》，连环画，四川美术学院《红岩》连环画创作组创作，上海人民美术出版社，1965年。

（二）以江姐为核心题材的曲艺作品

1.《红岩》，评话，李信堂。

2.《红岩》，评书，李鑫荃。

3.《红岩》，四川评书，何祉堪。

4.《红岩》，粤语评书，张悦楷。

5.《红岩魂》，广播评书，袁阔成，中央人民广播电台。

6.《江姐》，河北梆子，张秋玲。

7.《江姐渡险》，河南坠子，赵铮。

8.《劫刑车》，快板书，李润杰。

9.《劫刑车》，评书，刘立福。

10. 《看红岩》，相声，李国祥、杜国芝。

（三）以江姐为核心题材的戏剧作品

1. 《待放》，话剧，四川大学，2020 年。
2. 《红色浪漫》，越剧，浙江越剧团，2006 年。
3. 《红色恋人》，话剧，重庆大学缙云话剧社，2009 年。
4. 《红岩》，川剧，成都川剧团，1962 年。
5. 《红岩》，话剧，北京人民艺术剧院，1962 年。
6. 《红岩》，话剧，成都话剧团，1962 年。
7. 《红岩》，话剧，东京"艺术座"，1964 年。
8. 《红岩》，话剧，复旦大学话剧团，1962 年。
9. 《红岩》，话剧，国防文工团，1962 年。
10. 《红岩》，话剧，青岛市话剧团，1962 年。
11. 《红岩》，话剧，扬州专区文工团，1962 年。
12. 《红岩》，话剧，云南省话剧团，1962 年。
13. 《红岩》，话剧，中国铁路文工团，1962 年。
14. 《红岩魂》，展演剧，歌乐山革命纪念馆，2000 年。
15. 《江姐》，话剧，武汉话剧团，1962 年。
16. 《江姐》，吉剧，吉林省吉剧院，2011 年。
17. 《江姐》，京剧，中国京剧院，2001 年。
18. 《江姐》，京剧，中国京剧院（德国演出版），2002 年。
19. 《江姐在川大》，舞台剧，四川大学，2019 年。
20. 《江竹筠》，京剧，重庆京剧团，2009 年。
21. 《热血》，话剧，南京林业大学水杉剧社，2004 年。
22. 《生命作证》，情景话剧，歌乐山革命纪念馆，1997 年。
23. 《我们共同走过的路》，展演剧，歌乐山革命纪念馆，2009 年。
24. 《血铸红岩》，舞台剧，歌乐山革命纪念馆，2005 年。

（四）以江姐为核心题材的音乐舞蹈作品

1.《红梅随想曲》，二胡协奏曲，吴元厚创作，1980年。

2.《红梅赞》，舞蹈，空政文工团，2002年。

3.《江姐》，歌剧，空政文工团，1964年。

（五）以江姐为核心题材的文学作品

1.《巴渝鸿爪——川东地下斗争回忆录》，纪实文学，邓照明著，重庆出版社，1991年。

2.《大后方》，纪实文学，杨益言、刘德斌著，中国青年出版社，1984年。

3.《歌乐山作证》，纪实文学，刘德彬著，辽宁少年儿童出版社，1997年。

4.《红岩》，话剧剧本，复旦大学话剧团创作组改编，上海文艺出版社，1964年。

5.《红岩》，小说，罗广斌、杨益言著，中国青年出版社，1961年。

6.《红岩大揭秘——保密局重庆集中营纪实》，纪实文学，曹德权著，中国文联出版社，1999年。

7.《红岩的故事——中美合作所里里外外》，纪实文学，杨益言著，重庆出版社，1990年。

8.《红岩恋——江姐家传》，纪实文学，丁少颖著，广东人民出版社，1998年。

9.《红岩烈士传》，纪实文学，杨益言、何楠编著，中国青年出版社，1999年。

10.《红岩英烈的故事》，纪实文学，杨益言著，中国青年出版社，1999年。

11.《江竹筠传》，纪实文学，卢光特、谭重威执笔，重庆出版社，

1996年。

12.《来自B类档案的报告》，纪实文学，陈建新编著，重庆出版社，2000年。

13.《来自白公馆、渣滓洞集中营的报告》，厉华等著，重庆出版社，2003年。

14.《来自歌乐山的报告》，纪实文学，厉华著，重庆出版社，1999年。

15.《撩开神秘的纱幕——党在陪都的地下斗争》，纪实文学，杨顺仁著，重庆出版社，1991年。

16.《秘密世界》，纪实文学，杨益言著，重庆出版社，1987年。

17.《青松傲霜雪——江姐、彭咏梧和川东游击队的故事》，纪实文学，陈汉书、杜之祥编著，重庆出版社，1982年。

18.《挺进报纪事》，纪实文学，林彦编著，四川人民出版社，1982年。

19.《血火铸丰碑——解放前夕中共川东、川康地下组织斗争纪实》，纪实文学，杨喆著，重庆出版社，2005年。

20.《狱中斗争纪实》，纪实文学，傅伯雍、张正履执笔，重庆出版社，1984年。

21.《在地下》，纪实文学，马识途著，人民文学出版社，2005年。

22.《在烈火中永生》，纪实文学，罗广斌、刘德彬、杨益言著，中国青年出版社，1959年。

（六）以江姐为核心题材的影视作品

1.《不能忘却的纪念》，电影，1983年。

2.《档案》，电视连续剧，2008年。

3.《红岩》，电视连续剧，1980年。

4.《红岩》，电视连续剧，1999年。

5.《江姐》，电视连续剧，2010年。

6.《江姐》，电影，1978年。

7.《魔窟中的幻想》，电影，1987年。

8.《生命作证》，情景剧，1997年。

9.《雾都报童》，电影，1979年。

10.《在烈火中永生》，电影，1965年。

附录二　与江姐精神研究相关的部分资料目录

（一）专著

1. 陈汉书、杜之祥：《青松傲霜雪——江姐、彭咏梧和川东游击队的故事》，重庆出版社，1982年。

2. 春风文艺出版社：《江姐进山》，春风文艺出版社，1962年。

3. 丁少颖：《江姐真实家族史》，武汉大学出版社，2011年。

4. 丁少颖：《红岩恋 江姐家传》，广东人民出版社，1998年。

5. 广西人民出版社：《歌剧〈江姐〉选曲》，广西人民出版社，1977年。

6. 侯颖：《忠诚战士江竹筠》，吉林文史出版社，2010年。

7. 江苏师范学院中文系：《中国当代文学研究资料〈江姐〉专集》，1979年。

8. 刘仁辉、杨源孜：《江姐童年故事》，湖北少年儿童出版社，2009年。

9. 罗广斌、刘德彬、杨益言：《在烈火中永生》，中国青年出版社，1959年。

10. 孟庆江：《江姐》（第2版），人民美术出版社，1996年。

11. 裘芳：《永远的江姐》，浙江少年儿童出版社，1997年。

12. 文娟：《深情的怀念 江姐》，新疆人民出版社，2002年。

13. 席明真、刘铭：《江姐 越剧》，上海文化出版社，1964年。

14. 阎肃、空军政治部歌剧团：《江姐》，解放军文艺出版社，1978年。

15. 阎肃、羊鸣、姜春阳，解放军文艺丛书编辑部：《江姐 歌剧》，中国戏剧出版社，1965年。

16. 阎肃、羊鸣、姜春阳等：《我为共产主义把青春贡献 歌剧〈江姐〉选曲 女高音独唱 钢琴伴奏》，人民音乐出版社，1978年。

17. 阎肃、羊鸣等：《江姐 七场歌剧 总谱》，上海音乐出版社，2000年。

18. 阎肃、羊鸣等：《江姐 七场歌剧》，解放军文艺出版社，1991年。

19. 杨益言、艾孜热提艾力·巴拉提：《江姐》（维吾尔文），新疆人民出版社，2006年。

20. 杨益言：《江姐》，二十一世纪出版社，2008年。

21. 音乐出版社编辑部：《革命歌曲解说》，音乐出版社，1964年。

22. 张元：《江姐》（英汉对照 剧照），中国建筑工业出版社、中国城市出版社，2002年。

（二）期刊文献

1. 陈伯华：《展望前程 充满信心》，人民戏剧，1978，（02）。

2. 陈紫：《无产阶级英雄的赞歌》，人民音乐，1965（04）。

3. 鄂歌文：《用毛泽东思想促进文艺队伍革命化》，人民音乐，1965（06）。

4. 葛光锐：《〈江姐〉的几个形象》，人民音乐，1965（04）。

5. 韩立熙：《没有生命力的词》，文字改革，1966（03）。

6. 何为：《赞歌剧〈江姐〉》，人民音乐，1964（Z2）。

7. 胡玥：《江姐》，人民公安，1999（07）。

8. 继民：《〈江姐〉教学纪要》，江苏教育，1963（01）。

9. 蒋荣法：《遵路 探微 入境——〈江姐〉一课教学设计》，天津教育，1988（Z1）。

10. 金陵：《观众的眼睛》，电影新作，1979（01）。

11. 空军歌剧团：《关怀暖如春，教诲永不忘》，解放军文艺，1977（09）。

12. 黎海英：《这条路子走得宽广》，人民音乐，1965（04）。

13. 李希凡：《生活真实和理想威力的高度融合——漫话〈红岩〉之一》，上海文学，1962（06）。

14. 李显银：《红梅赞——歌剧〈江姐〉主题歌》，湖北农村金融研究，1995（01）。

15. 刘宾才：《著名歌剧〈江姐〉再现江城》，戏剧之家，1997（03）。

16. 马平：《不能告别江姐》，中华魂，1999（01）。

17. 彭明榜、张皓：《1949年·江竹筠（30岁）》，中国青年，1999（09）。

18. 任斌武、张高庆、栾保俊：《在坑道里演出〈江姐〉》，戏剧报，1965（08）。

19. 任加：《看歌剧〈江姐〉》，戏剧报，1964（10）。

20. 施伟明：《崇拜与谦和——于蓝老师和我的忘年交》，大众电影，1996（11）。

21. 万馥香：《每当我唱起〈红梅赞〉》．人民戏剧，1978（01）。

22. 汪振尚：《试谈〈红岩〉的英雄人物塑造》，山花，1963（05）。

23. 闻一石：《谈〈红岩〉的写作》，人民文学，1978（04）。

24. 吴家华：《锁不住的黑牢——江姐的信是怎样带出"渣滓洞"的》，党史纵横，1998（06）。

25. 吴燃：《选江姐——从上影听来的故事》，电影评介，1979（01）。

26. 羊鸣、张卉中：《歌剧〈江姐〉的音乐创作》，人民音乐，1965（04）。

27. 杨由之：《"用生命绣红旗"》，世纪行，1996（09）。

28. 张桂秋：《带着创造江姐形象问题学毛主席著作》，戏剧报，1966（01）。

29. 郑杰：《英雄形象鼓舞和教育着我们》，文学评论，1966（01）。

30. 中国人民解放军空军政治部歌剧团创作组：《喜报红梅今又开——写在歌剧〈江姐〉演出之前》，人民音乐，1977（03）。

31. 周光仙：《以江姐为榜样》，戏剧报，1964（Z1）。

32. 朱寨：《时代革命精神的光辉——读〈红岩〉》，文学评论，1963（06）。

33. 诸海平、徐红兵：《红梅经霜更芬芳——全军第四届文艺会演观感》，解放军文艺，1977（09）。

（三）报纸文献

1. 阿凝：《江竹筠（江姐）的生前事迹》，新晚报，1965-3-3。

2. 白冬：《良好的榜样——歌剧〈江姐〉观后》，南方日报，1965-1-27。

3. 白桦：《傲霜红梅迎春闹》，武汉晚报，1965-3-24。

4. 本报记者：《陈郁同志等中南局及省市负责人昨晚观看大型歌剧〈江姐〉》，羊城晚报，1965-1-18。

5. 本报记者：《邓小平等同志观看歌剧〈江姐〉》，南方日报、羊城晚报，1965-1-20。

6. 本报记者：《空军歌剧团即将来穗演出优秀歌剧〈江姐〉》，南方日报，1965-1-3。

7. 本报记者：《上海音乐戏剧界盛赞〈江姐〉》，文汇报，1964-12-15。

8. 本报记者：《送来广州舞台的一声春雷》，羊城晚报，1965-1-22。

9. 本报评论员：《学〈江姐〉》，文汇报，1964-12-26。

10. 车耳：《中华儿女江竹筠》，大公报，1965-3-6。

11. 陈除：《红梅迎春开——赞歌剧艺术片〈江姐〉》，解放日报，1978-10-18。

12. 陈沙：《华蓥山》，北京晚报，1965-5-12。

13. 陈阳波：《我爱唱〈红梅赞〉》，解放军报，1977—7—2。

14. 方蕾：《歌剧舞台上的一朵荷花》，文汇报，1965—2—25。

15. 飞舟、文字：《看过江姐更爱江姐》，文汇报，1965—3—2。

16. 冯德英、何名泰：《在烈火中永生——看歌剧〈江姐〉》，解放军报，1964—9—10。

17. 龚秋霞：《使我感动流泪的好戏〈江姐〉》，新晚报，1965—3—2。

18. 郭沫若：《看〈江姐〉》，重庆日报，1977—12—29。

19. 郭沫若：《诗六首——看〈江姐〉等》，光明日报，1965—5—6。

20. 和荣忠：《〈江姐〉布景有何秘密》，文汇报，1965—3—7。

21. 贺捷：《江姐在召唤》，文汇报，1965—2—20。

22. 红线女：《我们没有〈江姐〉这样的戏？》，羊城晚报，1965—1—29。

23. 怀思：《江姐六座老虎凳》，新晚报，1965—3—6。

24. 黄祖模：《歌剧电影化 电影歌剧化》，文汇报，1978—10—21。

25. 践耳：《喜看歌剧〈江姐〉》，文汇报，1964—12—7。

26. 江城：《歌剧〈江姐〉的思想意义与艺术特色》，武汉晚报，1965—3—24。

27. 江慧：《龚秋霞赞赏〈江姐〉》，义汇报，1965—2—19。

28. 江姐组：《牢记您的教诲，做红色文艺战士》，空军报，1965—5—20。

29. 江梅：《影星合唱团看〈江姐〉，回程时同唱主题歌》，文汇报，1965—3—5。

30. 江声：《喜庆〈江姐〉又重逢》，文汇报，1977—8—16。

31. 江晓云：《梁珊三看〈江姐〉》，大公报，1965—3—7。

32. 蒋祖缋、万馥香：《江姐教育了我们》，光明日报，1964—11—3。

33. 蒋祖缋：《我演江姐的体会》，文汇报，1965—2—24。

34. 蒋祖缋：《誓把英雄形象塑造好》，北京晚报，1965—6—7。

35. 金建：《歌剧〈江姐〉的音乐》，大公报，1965—3—8。

36. 俊臣：《"红梅赞"歌曲及介绍》，北京晚报，1965-5-23。

37. 克锐、贺彬：《气壮山河的斗争》，大公报，1965-2-26。

38. 克锐、贺彬：《一颗红心忠于党——歌剧〈江姐〉观后》，北京日报，1964-9-9。

39. 空政歌剧团创作组：《红梅又开了——缅怀伟大领袖毛主席和敬爱的周总理对歌剧〈江姐〉的关怀》，空军报，1978-9-26。

40. 空政歌剧团创作组：《喜报春梅今又开》，空军报，1977-7-9。

41. 兰靖中：《〈江姐〉的民族风格》，大公报，1965-3-4。

42. 兰天：《南北江姐会见记》，文汇报，1965-2-27。

43. 李门、董劲：《广东戏剧界向〈江姐〉学些什么》，羊城晚报，1965-1-22。

44. 李青：《富有民族色彩的新歌剧〈江姐〉（下）》，大公报，1965-3-5。

45. 李青：《富有民族色彩的新歌剧〈江姐〉（上）》，大公报，1965-3-4。

46. 李云：《〈江姐〉在上海的时候》，大公报，1965-3-1。

47. 良伊：《悲壮的史诗〈江姐〉》，大公报，1965-2-22。

48. 梁冰：《英雄的战歌 光辉的形象——看空政文工团歌舞剧一团演出的〈江姐〉》，新华日报，1964-10-28。

49. 林河：《谈谈〈江姐〉的音乐和唱法》，湖北日报，1965-3-24。

50. 刘郎：《三看〈江姐〉》，大公报，1965-3-4。

51. 刘粤生：《盼江姐，说〈江姐〉》，文汇报，1965-2-26。

52. 隆萌培：《江姐》，文艺报，1964-8-9。

53. 卢保：《歌剧艺术与歌剧道路》，新晚报，1965-3-4。

54. 卢保：《民族化歌剧〈江姐〉》，新晚报，1965-2-26。

55. 骆韫琴：《关怀和鼓舞》，北京晚报，1965-6-2。

56. 漠雁：《歌剧舞台放新花，一片丹心向阳开——歌剧〈江姐〉观后》，新华日报，1964-10-25。

57. 宁干：《革命英雄的颂歌——看空政文工团演出歌剧〈江姐〉》，

光明日报，1964-9-21。

58. 品聪：《红梅一曲震人心》，羊城晚报，1965-1-26。

59. 阮朗：《江姐不朽（上）》，新晚报，1965-3-4。

60. 阮朗：《江姐不朽（下）》，新晚报，1965-3-5。

61. 沈鉴治：《我看〈江姐〉的一些体会》，文汇报，1965-3-3。

62. 施琦：《江姐光辉形象感动香港同胞》，新晚报，1965-3-2。

63. 霜崖：《赶上了看〈江姐〉》，新晚报，1965-2-21。

64. 霜崖：《喜晤潮剧的〈江姐〉》，新晚报，1965-2-23。

65. 霜崖：《再看江姐》，新晚报，1965-3-4。

66. 唐金海：《真切·准确·感人》，解放日报，1978-11-29。

67. 天鹰：《一曲〈红梅〉悼英灵》，重庆日报，1977-12-16。

68. 万馥香：《从演小生、花旦到江姐》，大公报，1965-2-28。

69. 王角：《江姐（组画）》，光明日报，1965-5-6。

70. 王世香：《江姐永远活在我们心上》，北京晚报，1965-6-6。

71. 王于、张定一：《一株昂首怒放的红梅——歌剧〈江姐〉观后》，南方日报，1965-1-23。

72. 王振魁：《学习中国京剧院的革命精神》，羊城晚报，1965-2-8。

73. 韦明：《一片丹心向阳开——赞歌剧〈江姐〉》，光明日报，1964-9-15。

74. 韦妮：《〈江姐〉动人并动听》，新晚报，1965-3-10。

75. 韦妮：《石慧赞〈江姐〉》，大公报，1965-3-3。

76. 吴立昌等：《为有牺牲多壮志，敢教日月换新天——赞空政文工团演出的歌剧〈江姐〉》，解放日报，1964-12-8。

77. 吴令湄：《春蚕到死生如何?》，新晚报，1965-2-22。

78. 吴维奇：《民族风格的奇花》，新晚报，1965-3-2。

79. 向华沭：《绚烂壮丽的战斗诗篇——浅谈歌剧〈江姐〉的演出特色》，解放日报，1964-12-11。

80. 谢琼桓：《电影〈江姐〉观后札记》，湖北日报，1978－10－14。

81. 虚中：《七场歌剧〈江姐〉——动人心弦的篇章》，新晚报，1965－2－24。

82. 徐迪风：《欢庆新春来》，新晚报，1965－3－7。

83. 徐洗尘：《谈歌剧〈江姐〉的音乐》，羊城晚报，1965－3－12。

84. 雅佳：《〈江姐〉激动人心》，大公报，1965－3－8。

85. 雅佳：《唤醒百花齐开放 一片丹心向阳开》，大公报，1965－2－22。

86. 羊鸣：《高歌欢庆新春来——歌剧〈江姐〉音乐创作的体会》，光明日报，1977－10－5。

87. 杨景辉：《高歌一曲颂江姐》，北京晚报，1964－9－16。

88. 杨维敏：《满江红》，大公报，1965－3－7。

89. 叶林：《把革命英雄形象搬上新歌剧的舞台——看空政文工团演出歌剧〈江姐〉》，人民日报，1964－9－12。

90. 于风：《谈歌剧〈江姐〉的唱词》，羊城晚报，1965－2－6。

91. 余闻：《红日高照，红岩花开》，大公报，1965－2－21。

92. 余闻：《红岩红梅开》，文汇报，1965－2－20。

93. 湛青：《英雄的赞歌》，文汇报，1965－3－3。

94. 张卉中：《一片丹心赞红梅》，光明日报，1965－7－7。

95. 张敬安：《为歌剧〈江姐〉鼓掌——浅谈〈江姐〉音乐》，武汉晚报，1965－3－31。

96. 张立云：《歌剧〈江姐〉的形象性和文学性》，文汇报，1964－12－2。

97. 张荣忠：《歌剧〈江姐〉的布景》，羊城晚报，1965－3－13。

98. 张锐、冠潮、柯明：《〈江姐〉在音乐创作上的成就》，新华日报，1964－10－25。

99. 张小忠：《改造思想感情，塑造英雄形象——演江姐、学江姐的一些感受》，广西日报，1965－3－5。

100. 赵北臣：《一片丹心向阳开——歌剧〈江姐〉观后》，光明日报，

1977－8－17。

101. 钟秀：《一颗红心忠于党》，北京晚报，1965－5－30。

102. 周彼：《英雄的颂歌，光辉的形象》，文汇报，1965－2－24。

103. 周彼：《英雄的颂歌，光辉的形象——赞歌剧〈江姐〉》，文汇报，1964－12－15。

104. 周鹤、石玉增：《丹心永向阳》，北京日报，1977－9－24。

105. 朱元祐：《歌剧〈江姐〉》，解放军报，1977－7－10。

106. 紫枫：《〈江姐〉的新风格》，文汇报，1965－3－9。

107. 紫枫：《悲壮的颂歌》，文汇报，1965－2－22。

参考文献

《锦江怒涛》编委会. 锦江怒涛 1944—1949［M］. 成都：四川大学出版社，2006.

陈松友，王楠. 新时代红船精神融入大学生思想政治教育的路径探析［J］. 思想政治教育研究，2018，34（04）：112-115.

成都市文化局. 成都新文化文史论稿（第 1 辑）［Z］. 成都市文化局内部资料，1993.

成都市武侯区政协文史资料委员会. 武侯文史集萃［M］. 成都：四川人民出版社，2000.

成都市政协文史和学习委员会. 成都文史资料选编 解放战争卷上·黎明前后［M］. 成都：四川人民出版社，2006.

党跃武，陈光复. 川大记忆——校史文献选辑（第 4 辑）［M］. 成都：四川大学出版社，2011.

党跃武. 铭记奋斗历程 时刻不忘初心（下）——红船上的四川大学人［EB/OL］.（2018-09-13）［2021-04-26］. http://news.scu.edu.cn/info/1142/26306.htm.

邓南平. 李惠明：骨折心摧，为将红焰盗人世［N］. 成都日报，2011-07-01（T16）.

丁少颖. 江姐真实家族史［M］. 武汉：武汉大学出版社，2011.

杜耀卿. 蒋开萍、何懋金、郝耀青三烈士万县被捕经过［Z］//中国人民政治协商会议重庆市万州区委员会文史学习委员会. 万州文史资料

（第1辑）．重庆：中国人民政治协商会议重庆市万州区委员会文史学习委员会内部资料，1999．

杜玉波．大力弘扬革命传统文化，切实加强和改进高校思想政治工作［J］．中国高等教育，2016（18）：4-6．

共青团中央青运史研究室，等．解放战争时期学生运动论文集［M］．上海：同济大学出版社，1988．

顾平．齐亮马秀英：《红岩》没有讲到的故事［EB/OL］．（2020-09-21）［2021-05-15］．http://www.meilicdw.com/c/2020-09-21/1258999.shtml．

何建明．真实的"红岩"：为何渣滓洞女人中没有叛徒？［M］//厉华．忠诚与背叛——告诉你一个真实的红岩．重庆：重庆出版社，2011．

何建明．最后的诗赋——红岩革命烈士牺牲现场纪实［M］//人民文学出版社编辑部．2011报告文学．北京：人民文学出版社，2012．

胡平原．江姐在巴县西南学院引领的学生运动［J］．工会信息，2020（18）：10-12．

胡元聪，周建伟．用红岩精神塑造当代大学生的思考［J］．湖北社会科学，2005（03）：158-160．

黄恩华．高校应成为红色基因传承的主阵地［J］．中国高等教育，2019（Z1）：43-45．

李国良，周向军．中华优秀传统文化的价值及其实现——基于大学生思想政治教育视域［J］．思想政治教育研究，2018（09）：91-95．

厉华．来自白公馆、渣滓洞集中营的报告［M］．重庆：重庆出版社，2003．

厉华．重庆歌乐山军统集中营史实研究与保护利用［M］．重庆：重庆出版社，2001．

刘文晋．从黑夜到天明［J］．四川音乐，1981（07）：24-25．

罗中枢．四川大学：历史·精神·使命［M］．成都：四川大学出版社，2009.

孟力. 张国维：学运中坚 真理斗士［J］. 红岩春秋，2012（05）：101-102.

潘坤，瞿晓静. 江竹筠烈士在四川大学农学院的求学岁月［J］. 四川档案，2021（01）：54-55.

强卫. 激活红色基因，焕发生机活力——学习贯彻习近平总书记系列重要讲话精神［J］. 求是，2014，18（04）：14-16.

清华大学校史研究室. 清华英烈［M］. 北京：清华大学出版社，1994.

四川大学校史编写组. 四川大学史稿［M］. 成都：四川大学出版社，1985.

四川省岳池县志编纂委员会. 岳池县志（1911—1985）［M］. 成都：电子科技大学出版社，1993.

王浩. 牺牲在军统重庆集中营的红色夫妻［J］. 红岩春秋，2018（03）：40-45.

王晶垚. 成都"民协"的建立及其活动［J］. 天府新论，1982（03）：40-59.

吴娜. 红色基因的文化学考察［J］. 人民论坛，2015（35）：182-184.

习近平. 在北京大学师生座谈会上的讲话［N］. 人民日报，2018-05-03（2）.

习近平. 在哲学社会科学工作座谈会上的讲话［N］. 人民日报，2016-05-19（2）.

熊辉. 为寻求光明而献身——郝耀青烈士传略［M］//中共重庆市委党史工作委员会. 战斗到天明. 重庆：重庆出版社，1987.

杨彪，张放. 一片丹心向阳开——江竹筠烈士事迹再寻踪［J］. 雷锋，2015（01）：26-27.

杨宏. 说不尽的江竹筠［J］. 红岩春秋，2016（03）：47-50.

衣玉梅. 红色文化视角下大学生文化自信路径分析［J］. 思想政治教育研究，2018，34（04）：119-122.

袁代奎. 伉俪共铸红岩魂——记烈士夫妇齐亮、马秀英［N］. 忠州日报（数字报），2020-04-04（04）.

张帆. 红岩精神的大学生思想政治教育功能及其实践路径［J］. 井冈山大学学报（社会科学版），2018（04）：32-36.

张继禄. 中国共产党地方组织在四川的建立［M］. 成都：四川人民出版社，2001.

张强，杨锦秀，江英飒. 新编大学生入党培训教材［M］. 成都：四川大学出版社，2018.

张廷茂. 百年名校——四川大学［M］. 成都：四川大学出版社，1996.

张永汀. "打通一条血路"：国立四川大学农学院的建设与发展（1935—1945）［D］. 成都：四川大学，2007.

赵婀娜. 川大：以红色文化育时代新人［N］. 人民日报，2019-02-17（5）.

赵锡骅. 江姐在四川大学［J］. 红岩春秋，2004（06）：51.

中共南充地委党史工作委员会. 华蓥山游击队［M］. 重庆：重庆出版社，1988.

中共四川省委万县市委党史工委. 黎明前的壮歌：万州英烈［M］. 重庆：重庆大学出版社，1989.

中共万县地委党史工作委员会. 碧血丹心［M］. 成都：四川人民出版社，1990.

中共重庆市委党史研究室. 临刑寄语——巴渝革命烈士书信选［M］. 成都：成都科技大学出版社，1991.

中国人民政治协商会议四川省成都市委员会文史资料研究委员会. 成都文史资料选辑（第6辑）［Z］. 成都市文化局内部资料，1984.

忠县志编纂委员会. 忠县志［M］. 成都：四川辞书出版社，1994.

重庆市万州区龙宝移民开发区地方志编纂委员会. 万县市志［M］. 重庆：重庆出版社，2001.

重庆现代革命史资料丛书编委会. 英烈颂［M］. 重庆：重庆出版社，1982.

周洪双. 四川大学发现江姐在校期间新史料［N］. 光明日报，2018－11－23（9）.

周萍. 立德树人视域下高校校园文化建设研究［J］. 思想政治教育研究，2020（6）：139－142.

朱志明，欧阳秀敏. 革命文化融入立德树人实践的价值意蕴及实现路径［J］. 思想政治教育研究，2018（05）：127－130.

后　记

　　《一片丹心向阳开：渣滓洞集中营的川大英烈》一书终于要和读者见面了。作为"四川大学革命英烈丛书"之一，本书是积极整合、吸收与川大英烈相关的最新研究成果的产物。本书是四川大学2020年革命英烈传记工程专项项目"歌乐山上杜鹃红：渣滓洞中的川大英烈"（2020SK英烈-10，孙化显）的最终成果及2021年度四川省社科规划项目"从历史人物到文艺典型：革命先辈江姐形象建构与传播研究"（SC21C035，孙化显）的阶段性成果。同时，本书的部分内容也是下列课题的研究成果：四川大学2019年"弘扬江姐精神，传承红色文化"专项课题，主要包括"江姐精神的基本内涵与当代传承研究"（2020SK江姐-03，孙化显），"江姐精神在大学生群体中的认同与传播——以四川大学为例"（2020SK江姐-05，王金玉），"江姐历史文献的整理与研究"（2020SK江姐-06，李华云），"书籍报刊所载建国以来江姐史料的搜集、整理与研究"（2020SK江姐-09，李建艳）；四川大学"纪念五四运动100周年专项课题"，主要包括"五四精神与四川大学红色校史育人研究"（skws-01，李华云），"五四运动时期的美育思潮及其时代价值研究"（skws-04，孙化显）；四川大学2020年党政管理服务研究项目"红色文化融入高校思想政治教育的实现路径研究——以四川大学江姐精神的传承实践为核心"（2020DZYJ-31，孙化显）；四川大学档案馆（校史办）2020年档案和校史研究专项项目"红色文化在大学生理想信念教育中的价值及其实现路径研究——以四川大学为例"（daxs2020-24，杨胜君），2020年度四川省高等学校档案工作协会科研课题"新时期高校红色档案资源开发与利用研究——以四川大学为例"（scgdx-200201，杨胜君）。

本书是集体劳动的结晶，具体写作分工如下：在上编的英烈传记中，孙化显负责撰写江竹筠传、马秀英传（岳华协助完成了马秀英传部分内容的写作），肖杰负责撰写蒋开萍传、黄宁康传，张建兵负责撰写李惠明传、张国维传，李明凤负责撰写胡其恩传、艾文宣传，杨帆负责撰写何懋金传、郝耀青传；在下编的理论研究中，"红色文化在大学生思想政治教育体系中的三重价值"由杨胜君撰写，"从个体生命到符号象征：'江姐精神'的历史考察"由李建艳撰写，"江姐精神的内涵阐释与传承弘扬"由王金玉、杨胜君撰写；附录一"以江姐为核心题材的部分文艺作品目录"由孙化显整理，附录二"与江姐精神研究相关的部分资料目录"由李建艳整理；引言及后记由孙化显撰写；全书的思路拟定、框架建构、照片拍摄及统稿工作由孙化显负责。从2020年4月初立项到2021年3月底初稿形成，一年时间对于书写这样一部著作而言可谓十分仓促，故课题组成员虽均身兼行政事务却丝毫未敢懈怠，常常利用下班、周末时间在办公室加班整理、书写。可以说，没有大家的辛苦付出与不懈努力，本书不可能如期顺利完成。同时，本书的撰写也得到了诸多支持和帮助。书中部分内容的写作得到了王金玉、杨胜君、李建艳、李华云等老师的大力支持，他们无私奉献了最新的研究成果。本书的诸多资料与思路受到四川大学图书馆馆长党跃武教授等专家所做相关前期研究的启发。

学校高度重视包括本书在内的"四川大学革命英烈丛书"的出版工作。四川大学党委书记王建国同志百忙之中时刻关心着丛书的撰写情况，四川大学党委常务副书记曹萍同志、四川大学党委副书记郭勇同志多次在相关专题会议上协调推进丛书的撰写进度。本书的撰写还得到了四川大学党政办李中锋主任、李正赤主任、吴刚副主任，四川大学党委宣传部徐海鑫常务副部长、纪志耿副部长，四川大学社会科学研究处傅其林处长、张洪松副处长，四川大学档案馆（校史办公室）毕玉馆长、王金玉副馆长，四川大学马克思主义学院李栓久书记、王洪树副院长等领导的关心、鼓励与支持。四川大学档案馆（校史办公室）杨胜君、四川大学马克思主义学院徐冠楠等老师在本书撰写与出版的协调、沟通方面提供了热情、细心的帮助。四川大学出版社的领导与相关编辑老师为本书的顺利出版付出了诸多艰辛与努力。此外，岳华、徐露、杨眉、周朗萱、郑伊雯、李娟、刘力萍、张睿南、鲍周、孙凡雅、何靖懿等老师、同学也为本书撰写提供了大力协助。在此，向以上领导、专家、同仁、同学等一并表达衷心的感谢与崇高的敬意！

尽管我们全力投入相关资料的整理和书稿的撰写，但由于时间有限、不同作者着眼角度不同，本书依然存在诸多缺陷与不足，望广大读者提出宝贵意见，以利来日修订完善。

孙化显
2021 年 5 月于四川大学望江校区